CHARLES ROBIN
DE L'INSTITUT

L'INSTRUCTION ET L'ÉDUCATION

PARIS

GEORGES DECAUX
ÉDITEUR
7, RUE DU CROISSANT, 7

MAURICE DREYFOUS
ÉDITEUR
10, RUE DE LA BOURSE, 10

PRIX : TROIS FRANCS

L'INSTRUCTION

ET

L'ÉDUCATION

PARIS. — IMPRIMERIE DE E. MARTINET, RUE MIGNON, 2

L'INSTRUCTION

ET

L'ÉDUCATION

PAR

CHARLES ROBIN

DE L'INSTITUT

Professeur à la Faculté de médecine.

PARIS

G. DECAUX, ÉDITEUR | M. DREYFOUS, ÉDITEUR

7, rue du Croissant, 7 | 10, rue de la Bourse, 10

1877

PRÉFACE

Ce volume contient les articles que j'ai publiés en 1876 dans la *Philosophie positive*, revue publiée par MM. Littré et Wyrouboff. Chacun d'eux a reçu divers développements et plusieurs chapitres nouveaux ont été ajoutés.

On voit par cela seul déjà que ce n'est pas là un traité, un livre dogmatique, mais une série de renseignements, avec les remarques qu'ils peuvent susciter lorsqu'on les rapproche des événements qui se passent sous nos yeux. J'hésitais encore à accepter les propositions de mon éditeur, lorsque les paroles suivantes me décidèrent, après qu'elles m'eurent été adressées par un homme plus âgé que moi, d'un grand jugement, ayant vu de près nombre d'événements politiques et que je ne savais pas être un lecteur de la revue que je viens de citer.

Adhérer à tout ce que vous exposez va pour moi jusqu'à la douleur; il est douloureux, en effet, je vous assure, de se voir obligé d'abandonner pour les remplacer tant de choses qu'on nous a enseignées, tant de choses que nous avons toujours crues vraies et qu'il faut laisser tomber comme autant d'illusions. Mais je dois dire qu'alors même qu'on ne possède pas tous les renseignements que vous résumez, on sent qu'il faudra bien en venir à ce remplacement; car, quelque fruste que soit votre manière de dire les choses, on voit qu'elle exprime consciencieusement des convictions durement acquises aussi, et que si une doctrine les coordonne, elles ne sont ni préconçues ni systématiques. »

Pendant que je corrigeais les épreuves de ce volume, je me suis félicité de cette décision en lisant avec la plus vive satisfaction un discours de mon ami, le savant biologiste Huxley, de la Société royale de Londres.

J'ai trouvé là toute faite la *préface* dans laquelle je voulais indiquer l'objet de ce travail, l'esprit de sa rédaction, le but vers lequel il se dirige; le tout avec une netteté et une clarté dont le lecteur jugera, bien que dans l'impossibilité de tout prendre, je n'aie reproduit que les passages se rapportant directement à mon sujet.

« Pour moi, dit Huxley(1), et, j'en suis sûr, pour l'immense majorité de ceux à qui je m'adresse, la grande tentative récemment faite pour l'éducation du peuple anglais est un des événements les plus heureux, les plus féconds de notre histoire moderne. Mais il est impossible, — quand même ce serait désirable, — de ne pas voir ce fait, qu'il existe une minorité, respectable par le nombre, la valeur et l'autorité de ses membres, aux yeux de laquelle toute cette législation est vicieuse, fausse et par conséquent dangereuse.

» Les arguments auxquels ont recours nos adversaires sont de deux sortes. Le premier argument est ce que j'appellerai un argument de caste; en effet, développé logiquement, il aboutirait à la division du peuple de ce pays en deux

(1) Huxley, *Revue scientifique*, 2e série, t. III (Paris, 27 janvier 1877) : *le Nihilisme administratif*, p. 718.

castes, aussi rigoureusement distinctes que le sont celles de l'Inde. On nous dit que toute l'économie de la société serait détruite si le pauvre était élevé comme le riche, que toute éducation saine et bonne inspirerait au pauvre le dégoût de sa position et éveillerait en lui des espérances qui, le plus souvent, seraient cruellement déçues. On nous dit : il faut qu'il y ait des bûcherons, des porteurs d'eau, des balayeurs et des portefaix, des manœuvres et des domestiques, ou la besogne sociale ne se fera point. Or, si vous donnez à chaque homme l'éducation et la culture, personne ne voudra remplir ces fonctions, chacun voudra être gentilhomme ou dame du monde.

» Cet argument, c'est surtout sur les lèvres de la bourgeoisie aisée qu'on le rencontre ; et, venant de là, il me semble illogique au plus haut degré, car le seul but que cette bourgeoisie envie et poursuive, c'est de pousser ses enfants dans le monde et, s'il est possible, de les faire passer de la classe où ils sont nés dans une classe supérieure. Il faut à la société des commerçants, tout comme il lui faut des portefaix; mais si un commerçant fait de bonnes affaires et réussit à devenir *baronet*, ou si le fils d'un fermier devient lord chancelier ou archevêque, ou, grâce à des succès militaires, s'élève à la pairie, tout le monde l'admire et s'extasie sur le système social qui permet de pareils avancements. Personne ne s'avise d'insinuer que cette aspiration à sortir de sa sphère est dangereuse, personne ne se plaint de voir ces hommes, partis de si bas, atteindre des positions pour lesquelles ils étaient faits.

» Mais il y a une réponse, meilleure que le *tu quoque*, à opposer à l'argument de caste. D'abord, il n'est pas exact que l'éducation, dans son vrai sens, dégoûte l'homme du travail grossier, pénible et même répugnant. La vie du marin est plus dure que celle de neuf paysans sur dix, et cependant chaque capitaine de vaisseau sait que les matelots n'en valent pas moins pour avoir cultivé leur intelligence. La vie du médecin, à la campagne surtout, est plus dure, plus laborieuse que celle de la plupart des artisans : il est constamment forcé de faire une besogne qui, pour l'agrément, ne vaut pas celle du balayeur, et cependant il doit être un homme doué d'une éducation remarquable, et il l'est souvent en effet.

» En second lieu, si l'on peut accorder que le texte du catéchisme, qui enjoint à l'homme de faire son devoir en quelque position qu'il ait plu à Dieu de le placer, donne une définition admirable de nos obligations envers nous-mêmes et la société, une question se pose cependant. Comment telle ou telle personne découvre-t-elle cette position particulière où il a plu à Dieu de la placer? L'enfant ne naît pas marqué d'un signe qui le prédestine à être balayeur ou boutiquier, évêque ou duc. Une masse de pulpe rouge ressemble exactement à une autre extérieurement. Et c'est seulement en découvrant ce dont ses facultés sont capables, en cherchant, non point pour satisfaire une vanité misérable, mais pour remplir un véritable devoir envers l'enfant et ses semblables, à le mettre dans une position qui lui permette d'arriver au développement complet de ses facultés, que l'homme découvre la position pour laquelle il est fait. Ce qui est regrettable, j'imagine, ce n'est pas que la société fasse son possible pour aider l'homme intelligent à s'élever, mais c'est qu'elle n'ait point d'instrument pour faire descendre l'incapable des régions qu'il usurpe. Dans son noble roman de la *République*, Platon fait dire à Socrate qu'il aimerait à inculquer aux citoyens de son État idéal une « fiction royale » :

« Citoyens, leur dirons-nous dans notre conte, vous êtes frères, bien que Dieu vous ait faits différents les uns des autres. Quelques-uns d'entre vous ont le pouvoir et le commandement, et Dieu les a faits d'or, c'est pourquoi ils ont le plus d'honneur; il en est qui sont en argent pour servir d'aides; il en est enfin qui sont les cultivateurs et les artisans et qu'il a faits de cuivre et de fer, et, d'ordinaire, l'espèce subsiste dans les enfants. Mais, comme vous êtes de la même famille, il arrivera parfois qu'un père d'or ait un fils d'argent, ou un père d'argent un fils d'or. Et Dieu recommande à ceux qui gouvernent, comme première règle, d'examiner par-dessus tout leur origine, pour voir de quels éléments leur nature est formée; car, si le fils d'un père d'or ou d'argent contient un mélange de cuivre ou de fer, alors la nature ordonne une transposition de rangs, et l'œil des gouverneurs doit être sans pitié envers ce fils qui doit descendre dans l'échelle et devenir laboureur ou artisan; tout comme il peut y en avoir d'autres issus de la classe des artisans qui doivent s'élever aux honneurs et devenir administrateurs. Car un oracle dit que quand un homme de cuivre ou de fer administre l'État, l'État est menacé de destruction. »

« Le temps, qui détruit tout, est impuissant contre la vérité, et plus de deux mille ans écoulés n'ont pas affaibli la force de ces sages paroles. Il n'est pas nécessaire, comme Platon le conseille, que la société institue des fonctionnaires chargés de la tâche difficile de trier les hommes de fer, et ceux qui sont d'argent ou d'or. Élevez les hommes, ils prendront la place qui leur revient; écartez tous ces échafaudages artificiels qui maintiennent au sommet de la société les hommes de cuivre et de fer, et par une loi aussi sûre que celle de la gravitation, ils tomberont graduellement au dernier rang. Nous avons tous connu de nobles lords dignes d'être cochers, gardes-chasse, marqueurs de billard, si l'échafaudage social ne les avait maintenus à flot; nous avons tous connu des hommes appartenant aux classes inférieures de qui chacun disait : « Que ne serait devenu cet homme, s'il avait reçu quelque éducation? »

» Et celui qui observe, — fût-ce de la façon la plus superficielle, — les conditions sur lesquelles repose la société moderne, — une société comme la nôtre surtout, où une législation récente a placé l'autorité souveraine dans les mains des masses, quand elles savent s'unir pour demeurer fortes, — celui-là, dis-je, ne saurait douter que tout homme doué de grandes aptitudes, mais qui est resté ignorant et misérable, ne soit un grand danger pour la société, comme une fusée sans baguette pour les gens qui s'amusent à la tirer! La misère est un brandon qui ne s'éteint jamais, le génie est une force explosive, un monceau de poudre, et si l'instruction qui dirigerait la poudre fait défaut, il y a des chances pour que la fusée éclate bel et bien sur place et ravage tout alentour. Ce qui donne de la force au mouvement socialiste qui agite aujourd'hui profondément l'Europe, c'est que les hommes capables du prolétariat ont décidé de mettre un terme, de quelque façon que ce soit, à la misère et à la dégradation où sont plongés nombre de leurs semblables. La question de savoir si les moyens par lesquels ils se proposent d'atteindre cette fin sont bons ou mauvais, est, en ce moment, la plus importante de toutes les questions politiques, et il n'entre point dans mon sujet de la discuter. Tout ce que je veux montrer, c'est que, si un observateur impartial ne voit guère la possibilité que cette controverse se vide par la raison, sans passion et sans violence, cela vient de ce que, parmi ceux qui constituent la cour suprême en ces affaires, il n'en est pas un sur dix mille qui soit préparé par son éducation à comprendre le vrai caractère du procès soumis au tribunal.

» Enfin, quant à la crainte qu'on éprouve de voir tout le monde aspirer à être gentilhomme ou lady, tout ce que je puis dire, c'est que je voudrais que tout être humain fût élevé en vue de le devenir. Et je ne me sers point ici de ces mots, dont on abuse, pour distinguer les gens qui portent de beaux habits, qui demeurent dans de belles maisons et qui parlent un jargon aristocratique, de ceux qui s'habillent de futaine, vivent dans des masures et parlent un langage grossier. Je suis, je l'avoue, trop plébéien pour comprendre quel avantage les premiers ont sur les autres : je n'ai même jamais pu comprendre pourquoi le tir au pigeon à Hurlingham est distingué et de bon ton, tandis que la chasse aux rats à Whitechapel est vulgaire.

» Le dévouement, la générosité, la modestie, le respect de soi-même, telles sont les qualités qui font le vrai gentilhomme, la vraie lady, et qui les distinguent des individus auxquels on donne habituellement ce nom. Je ne veux nullement exprimer de préférence sentimentale en faveur des pauvres; mais, à envisager froidement le sujet, je ne vois pas pourquoi la pratique de ces vertus serait plus difficile en une classe de la société que dans l'autre; et quiconque a l'expérience des hommes m'accordera, sans doute, qu'elles sont aussi communes dans les classes inférieures que dans les classes élevées.

» Laissons donc de côté l'argument de caste, si peu d'accord avec la pratique de ceux qui l'emploient, si dénué de raison en théorie, si désastreux en ses conséquences, et occupons-nous des autres arguments . . . .

» Cette notion que le corps social devrait être organisé de manière à développer le bonheur de ses membres remonte aux origines mêmes de la pensée politique, et les systèmes de Platon, More, Robert Owen, Saint-Simon, Auguste Comte, et des socialistes modernes, témoignent qu'à tous les âges des hommes remarquables et dévoués à l'humanité ont été profondément, passionnément convaincus que le gouvernement peut atteindre sa fin — le bien du peuple — par des procédés plus actifs que celui qui consiste à se fourrer simplement les mains dans les poches et à laisser faire.

» Il est possible que toutes les formes d'organisation sociale proposées jusqu'ici soient des folies impraticables. Mais, s'il en est ainsi, cela prouve, non que l'idée qui leur sert de base soit sans valeur, mais seulement que la science politique est encore à un état fort rudimentaire. La politique, comme science, n'est pas plus ancienne que l'astronomie; mais, bien que le sujet de la dernière soit bien moins complexe que celui de la première, la théorie des mouvements lunaires n'est pas encore, à l'heure qu'il est, très-solidement établie.

» Peut-être arriverons-nous à nous donner une idée plus nette de ce que l'État peut faire et de ce qu'il ne doit point tenter si, admettant la vérité de la maxime de Locke, d'après laquelle la fin du gouvernement est le bien des hommes, nous considérons un moment en quoi consiste le bien de l'humanité.

» Le bien de l'humanité c'est, à mon sens, que chacun jouisse de la somme de bonheur dont il peut jouir sans diminuer le bonheur de ses semblables. . . . .

» ... J'admets que l'on s'accorde à reconnaître

qu'il serait injuste et absurde pour l'État de tenter d'accroître l'amitié et la sympathie entre les hommes, par des moyens directs. Mais je ne vois point de raison, si la chose est avantageuse, pour que l'État ne poursuive pas cette fin par des moyens indirects. Par exemple, je puis concevoir l'établissement d'une Église qui serait un bienfait pour la communauté, une Église dans laquelle chaque semaine il y aurait des services consacrés non à répéter des formules abstraites de théologie, mais à placer dans les esprits des fidèles un idéal de vérité, de justice, de pureté, un sanctuaire où ceux qui sont las du fardeau des soucis journaliers trouveraient un moment de repos dans la contemplation de la vie supérieure que connaissent si peu d'hommes, bien qu'elle soit accessible à tous, un lieu où l'homme de lutte et d'affaires aurait le temps de songer combien chétifs sont les succès qu'il convoite auprès de la paix et de la charité. Réfléchissez-y : si cette Église existait, personne ne songerait à la renverser.

» Pour nous résumer : si le progrès de la sécurité et de la richesse, si le développement intellectuel et moral de ses membres sont des objets que le gouvernement, comme représentant de l'autorité sociale, puisse et doive poursuivre, afin d'atteindre son but qui est le bien de l'humanité, il est évident que le gouvernement a le droit d'entreprendre l'éducation du peuple. Car l'éducation développe la sécurité en enseignant aux hommes les réalités de la vie et les obligations qu'implique l'existence de la société; elle aide au développement intellectuel non-seulement en éclairant chaque intelligence en particulier, mais aussi en isolant de la masse qui est ordinaire ou inférieure, ceux qui sont capables d'accroître le bien général en occupant des positions élevées; enfin elle fait avancer la moralité et la civilisation, en enseignant aux hommes à se discipliner eux-mêmes, en les amenant à voir que le contentement le plus complet, le seul durable, s'obtient, non en s'endormant dans les vallées des sens, mais par un effort constant vers les sommets où, sereine et calme, la raison distingue l'idéal flottant, et radieux du

Bien suprême, — *un ange pendant le jour, une colonne de feu pendant la nuit.* »

Ces lignes et les pages qui suivent, bien qu'écrites les unes à l'insu des autres, montrent que les progrès des sciences et par suite de l'esprit public, ont conduit au même ordre d'idées les peuples qui marchent de pair dans leur culture, que leur révolution ait eu lieu en 1688 ou en 1789.

Quand on ne recule pas, par système, devant l'idée de pousser, aussi loin qu'elles vont, les conséquences des études scientifiques, celles-ci mènent à des résultats inattendus pour ceux qui passent à côté de ces réalités sans les voir. De quelque part qu'ils viennent, ces résultats sont les mêmes. Ils demandent pour toutes les intelligences une instruction qui soit à tous les degrés en rapport avec l'esprit moderne, afin que rien ne soit perdu de toutes les forces vives que représentent ces activités intellectuelles; on sait que la solidarité entre celles-ci s'établit invinciblement par le fait même de leur ordre analogique, à quelque distance qu'elles se manifestent dans le temps et dans l'espace.

Les aveugles seuls ne voient pas ce fait, les politiciens spéculateurs seuls le méprisent.

Or ce que dit Huxley de l'instruction permettant à chacun de s'élever selon son intelligence et son savoir jusqu'aux plus hautes situations, doit être généralisé; c'est-à-dire que l'enseignement supérieur doit être dirigé de telle sorte qu'il se termine en faisant comprendre ce que sont la sociologie, d'une part, les procédés et les partis politiques, de l'autre. Il importe en tout cas que le plus grand nombre possible atteigne jusque-là; car il restera toujours assez de débiles pour former une masse représentant l'ignorance que quelques-uns voudraient conserver comme se prêtant seule au succès de leur manière de gouverner. Et c'est par cela même que nul n'a le droit de se départir de tout intérêt pour les formes du gouvernement et pour les actes politiques des gouvernants.

En d'autres termes, j'ai cherché à montrer que tout ce qui touche à la vie publique ne doit pas être repoussé de notre enseignement supérieur comme une chose dangereuse ou n'existant pas, ou comme si la vie sociale se bornait aux seules relations de famille à famille.

Sans être le premier à le faire, j'ai signalé cette lacune dans notre enseignement, en indiquant ses causes, ses nombreux inconvénients dans les diverses fonctions sociales que sont appelés à remplir les citoyens, suivant la nature de l'éducation qu'il ont reçue. Je suis revenu à plusieurs reprises d'abord sur les exemples qui montrent le mieux les fâcheux effets de cet ordre de choses, presque toujours niés systématiquement malgré leur évidence, puis sur les moyens à employer pour que cette lacune soit comblée le plus vite et le mieux possible. De là des redites, les unes volontaires parce qu'elles étaient indispensables, les autres qui auraient pu être évitées et qui disparaîtront si une autre édition vient en fournir l'occasion.

J'ai dû nécessairement insister sur les doctrines dans lesquelles on trouve le mieux les moyens voulus pour combler ces lacunes et la direction à donner à leur emploi.

La politique en général, l'économie sociale et politique en particulier, s'appuient tous les jours de plus en plus sur les sciences organiques et chronologiques, sur les arts qui se rattachent à celle-ci. De là, des termes peu répandus dans le langage courant; ils se joignent à ce qu'ont d'abstrait quelques-uns des sujets que j'aborde pour exiger du lecteur une plus laborieuse attention, que je n'aurais voulu, ce dont je dois chercher à m'excuser d'avance.

CH. ROBIN.

Paris, 25 mars 1877.

L'INSTRUCTION

ET

L'ÉDUCATION

CHAPITRE PREMIER

DONNÉES PRÉLIMINAIRES SUR LE SUJET INDIQUÉ PAR CE TITRE.

J'ai été conduit à écrire ce volume, qui n'a rien d'un ouvrage dogmatique, en lisant le passage reproduit ici. Je l'ai trouvé sans nom d'auteur dans un journal, en février 1872.

« Quand on cherche à se rendre compte de l'état des esprits en France, on est toujours plus frappé du manque d'harmonie qui règne dans l'éducation générale. Autre est l'éducation scientifique, autre l'éducation religieuse; autre celle des femmes, autre celle des hommes; autre celle des prêtres, autre celle des laïques; autre celle des catholiques purs, autre celle des libéraux. On a souvent dit que nous sommes deux peuples en un : ne peut-on pas ajouter que chacun de nous porte ces deux peuples en soi?

1

» État, famille, individus, il y a partout dualisme, contradiction latente, incertitude.

» D'un côté, une éducation religieuse sans esprit scientifique et sans esprit libéral; de l'autre, une éducation libérale et scientifique trop dépourvue d'esprit religieux, de hautes aspirations, d'entente profonde de la nature humaine. Divorce déplorable qui, en se produisant sur tous les points, paralyse nos meilleurs efforts, embarrasse notre marche, empêche toute action commune et toute concorde des esprits.

» Où et comment aboutira ce conflit entre les deux esprits opposés? Question redoutable.

» Une double issue se présente. L'une, c'est que l'Église ouvrant enfin les yeux sur les véritables besoins des temps modernes, se rapproche du siècle pour mieux remplir son office d'éducation. Sentira-t-elle cette nécessité, que lui recommandent quelques-uns de ses meilleurs fils? Aura-t-elle l'intelligence et le courage d'accomplir les sacrifices inévitables...

» Il nous en coûte de croire que la grande Église de France, mère de tant de nobles âmes, renferme trop peu d'éléments de vie, de liberté, de foi réelle à la vérité pour entreprendre un renouvellement salutaire.

» Une autre issue, c'est que, de son côté, l'esprit séculier et libéral prenne vigoureusement possession de lui-même, qu'il suive avec confiance sa propre voie, qu'il affirme et exerce son droit dans l'éducation comme dans la politique; que, de plus, se retrempant aux sources supérieures de la vie morale, il mérite de prendre une plus large part à la direction du monde spirituel. De ces deux issues d'ailleurs l'une n'exclut pas l'autre. »

Les six années qui viennent de s'écouler n'ont encore rien ôté à l'actualité des questions posées dans ces passages. Rien de plus vrai et de plus dangereux en même temps que cette hétérogénéité en ce qui touche l'instruction des hommes d'un âge à l'autre. Rien ne devient plus la source de désaccords dans les familles que cette différence presque absolue entre d'éducation donnée à ceux-ci et celle que reçoivent les femmes.

L'esprit séculier a bien commencé à exercer son droit politique dans les élections, mais non dans l'éducation. Là il n'a encore rien fait législativement, ni administrativement surtout. La loi récente sur la liberté de l'enseignement, fort bonne en principe, conduira probablement l'esprit libéral à prendre une plus large part à la direction du monde spirituel, si la routine administrative et l'esprit de parti ne lui mettent des entraves.

Mais on ne peut rien affirmer encore dans le sens du progrès, ni sur ce que l'Église en France renferme de liberté et de foi réelle *à la vérité* pour entreprendre le renouvellement salutaire dont le pays a besoin; car cette loi a été œuvre de parti et votée dans un sens de réaction; elle n'est pas une élaboration de principes, en tant que tendance à l'amélioration et au progrès intellectuel du pays, demandés avec tant de netteté dans l'article précédent. Je lis, en effet, dans un journal catholique (1), que *c'est pour opposer un enseignement catholique par des Facultés catholiques* à l'enseignement des Facultés de médecine que l'on a si vivement réclamé la liberté de l'enseignement supérieur.

Le champ reste donc encore absolument ouvert à l'exposition de ce qui pourrait être fait pour l'éducation générale; il reste ouvert aussi pour l'indication d'abord du mal causé dans toutes les classes par la durée de l'inaction, puis de l'abaissement qui en résulte pour la France, alors que les nations du Nord, les États-Unis et l'Italie rivalisent d'efforts pour amener la prospérité générale par la formation de citoyens instruits, sans distinction de naissance.

Les peuples en effet qui ont échappé aux réactions

(1) *Revue médicale*, décembre 1875.

qu'amènent les faiseurs de coups d'État, mettent en œuvre bien plus que nous, depuis le XIXe siècle, ce qui a été conçu et formulé à cet égard par les encyclopédistes du siècle précédent.

CHAPITRE II

NÉCESSITÉ SOCIALE DE L'ÉDUCATION ET DE L'INSTRUCTION; INDICATION DE LEUR VÉRITABLE NATURE PAR CELLE DU BUT QU'ELLES FONT ATTEINDRE.

Le but de l'éducation et de l'instruction envisagées dans leur ensemble présente deux degrés.

Elles doivent être telles qu'elles empêchent au moins l'arrêt de développement des facultés intellectuelles et morales, sinon leur affaiblissement, leur déperdition; elles doivent tendre en un mot à conserver une certaine moyenne dans le plus grand nombre des individus, de telle sorte qu'ils restent aptes à autre chose qu'à consommer et à user seulement ce que chacun doit au travail des autres.

L'éducation et l'instruction doivent tendre, en outre, partout où il y a aptitude, à nous faire tirer le meilleur parti possible de nos facultés, en les poussant à produire le plus possible aussi, socialement parlant.

Pour toute instruction individuelle, le but final qu'elle doit atteindre est la démonstration de ce fait que l'existence et le développement des sociétés suivent un ordre progressif déterminable et déterminé.

Notons que la notion de loi, c'est-à-dire celle des relations de similitude et de succession, s'acquiert surtout par l'étude des mouvements, et celle du progrès par l'observation des phénomènes de l'évolution des êtres organisés.

Rappelons aussi que, partout où il y a loi, il n'y a pas fatalisme, en raison de ce fait qu'il n'y a loi et évolution que lorsque le fait antécédent influe sur celui qui est immédiatement ou plus ou moins médiatement consécutif.

Cela est surtout à considérer lorsqu'il s'agit des phénomènes d'ordre organique, sur lesquels intervient l'activité volontaire des individus. Ici, en effet, certaines conditions étant données, tout acte de cette nature devient un antécédent, cause de progrès ou de retards dans les conséquents.

Là même est une des sources de la morale, lorsqu'il s'agit des phénomènes sociaux en général, des manifestations des instincts altruistes ou égoïstes en particulier.

Notons encore qu'il n'y a pas fatalisme, lorsque ce qui est inévitable, bien que s'accomplissant d'après certaines lois, peut être avancé, retardé ou même dévié.

La détermination de ce que sont ces lois et celle

des limites de leurs modificabilités, est un des points qui distinguent le plus le positivisme du fatalisme. Est fatal, en effet, ce qui est inévitable sans être modifiable; la fatalité disparaît dès que ce qui est reconnu inévitable, en raison du cours naturel des choses, peut être avancé, retardé ou modifié dans son intensité. Ainsi sont les effets de l'état électrique des nuages dans leurs relations avec la terre et avec les êtres organisés qu'elle porte.

Du reste le fatalisme n'existe pas, en dehors de ce que représentent les conceptions humaines relatives à la succession des événements observés. Ceux qui n'ont pas été pénétrés de la notion de loi par l'étude des sciences se trouvent par suite être les seuls qui font intervenir ici quelque entité surnaturelle, théologique ou métaphysique, forces fictives auxquelles seraient soumis les phénomènes dont ils ne connaissent pas les conditions naturelles d'accomplissement. Comme conséquence de ces fausses suppositions, ce sont ces esprits qui considèrent comme fatalistes tous ceux qui ne les imitent pas : tous ceux qui s'efforcent de déterminer les relations de similitude et de succession des phénomènes, leur marche naturelle, en un mot, et les limites entre lesquelles ils peuvent varier pour revenir bientôt à un cours constant.

D'autre part, parmi les hommes de progrès les

plus dévoués à la République il en est qui considèrent comme une des formes du fatalisme la doctrine qui veut que :

1° La connaissance des lois que suivent les sociétés dans leur évolution serve de guide essentiel dans le choix du régime politique à adopter ; 2° cette même doctrine qui a déterminé par l'observation de la filiation des faits historiques, que rien ne change la *résultante* nécessaire de l'évolution des organismes sociaux vers un but commun d'amélioration.

Or en insistant sur ces notions le positivisme n'a aucunement nié l'intervention des influences individuelles, soit progressives soit rétrogrades, modifiant soit en bien soit en mal, quant à l'intensité et à la promptitude, nombre d'événements sociaux. Plus que toute autre doctrine il a insisté sur la nécessité de séparer les hommes de bien à cet égard, de ceux qui peuvent être mis au rang des réprouvés de la société. Mieux que toute autre doctrine par la détermination des lois sociologiques il a donné un guide servant à distinguer nettement les uns des autres ces hommes-là et à juger de l'importance de chaque événement social à ces deux points de vue, du progrès ou de la rétrogradation. Jamais il n'a nié la désastreuse intervention de certains hommes dans des événements tels que l'inquisition, la Saint-Barthélemy, la révocation de l'édit de

Nantes, les guerres impériales à partir de 1804, celles du Mexique, de 1870, etc. Mieux que les doctrines autoritaires des jacobins, dont le rôle utile est aujourd'hui épuisé, il a montré l'étendue des retards dans la marche de la civilisation qui en ont été la conséquence. Comme les conventionnels, il a montré qu'avec la République, la Patrie et la Constitution ne font qu'une seule et même chose, tandis que sous la durée des monarchies et des empires la Patrie ne fait plus un avec le gouvernement, mais deux choses; et alors la dernière, la Patrie est maniée comme étant la chose de la famille régnante et sacrifiée à celle-ci dès la moindre difficulté politique et parfois pour un simple caprice individuel.

Rien de plus faux que de croire, par exemple, qu'après la révolution de 1789, les deux empires, la restauration et le 24 mai étaient des événements totalement inévitables. Les conséquences révolutionnaires qu'ont eues les premiers, les entraves que pour durer ces actes criminels ont dû mettre aux progrès intellectuels et sociaux, le retour après eux à ce qui était avant, sont là pour le prouver. Les avortements successifs des tentatives qui ont été la conséquence du 24 mai ne le prouvent pas moins nettement. Plusieurs années pourtant seront encore nécessaires pour faire disparaître les conséquences des méfaits administratifs et politiques commis par les meneurs de ce coup d'État. Mais au moins, ce mal prouvera une fois de plus le peu de portée intellectuelle au point de vue social de ceux qui voulaient une République entourée d'institutions royales, après avoir fait tomber ceux qui désiraient que la République fût gouvernée par des esprits anti-républicains; et cela bien qu'ils eussent vu disparaître une royauté qui tendait en fait à s'appuyer sur des institutions républicaines.

Rien ne saurait durer de ce qui est aussi contradictoire en soi que ces sortes d'expédients réactionnaires. Tous trois en effet ont été des résultats des idées que suscitent l'ignorance; des résultats de la méconnaissance complète des lois de l'évolution sociale de la part de ceux qui n'ont pas craint de recourir à de pareils moyens; c'est l'un des effets de l'ignorance qui fait croire que l'arbitraire et la violence entre les mains de quelques habiles de la ligue des gens de bien, suffisent pour régir les sociétés, et aller à l'encontre des progrès résultant de leur constitution organique. Les destructeurs, même conquérants, fondent parfois des royaumes temporaires; les législateurs et la science fondent seuls dans le temps.

Mais cela ne veut pas dire qu'il faille rester indifférent et sans prendre les mesures indispensables lorsqu'on voit s'unir pour chercher des conflits partout où le pays désire l'union, les hommes qui se croient honnêtes en usant de pareilles manœuvres; lorsque surtout on les entend répéter que jamais la France n'a été aussi éloignée d'un gouvernement définitif; lorsque pour le prouver, on les voit faire, bien que vainement, tout ce qui peut conduire à penser que nul républicain, que nul partisan du pouvoir impersonnel ne saurait avoir les aptitudes pour être un administrateur.

Ce sont là des données générales dont je me propose de montrer plus loin la subordination à des questions d'enseignement, et non-seulement à des questions d'enseignement supérieur dans les ordres scientifique, historique et d'économie sociale, mais aussi d'enseignement secondaire; ce qui m'obligera parfois à revenir à plusieurs reprises sur certaines de ces données.

Les longs efforts faits dans le sens d'une détermination exacte des lois de l'histoire n'ont pas pour destination la seule satisfaction de besoins, soit théoriques, soit matériels.

Connaître l'ordre suivi par le développement des sociétés est un désir éprouvé avant ou après nos entreprises individuelles, aussi bien par les plus infimes laboureurs et prolétaires que par les hommes qui se disent appartenir aux classes dirigeantes.

Cette observation est surtout facile à faire durant

chaque période de trouble d'un État, que ce trouble soit causé par les fautes ou par les crimes de ceux qui dirigent, ou qu'il surgisse de l'explosion de quelque nécessité sociale méconnue.

C'est particulièrement dans ces circonstances, et malheureusement durant ces circonstances seulement, que beaucoup comprennent que la grande préoccupation de chacun doit être d'apprendre où vont tant l'homme que les sociétés. Ils le comprennent en voyant que rien n'est plus navrant alors, que les manifestations de l'état mental dans lequel se trouvent ceux qui croient qu'en fait de régimes économiques et sociaux l'on peut, indifféremment et aussi bien, se reporter vers ceux qui sont tombés par insuffisance, que marcher vers le régime républicain que les situations évolutives nouvelles de la civilisation nous imposent.

Ici comme toujours le danger vient de ceux qui ne savent pas, mais qui pourtant sont appelés ou s'offrent pour l'action; danger qui devient d'autant plus grand que les acteurs sont plus haut placés par leur fortune, ou mieux par la possibilité de vivre sans profession. Tous leurs efforts sont en effet consacrés à la réalisation de rêves sur le retour d'un passé qui n'est plus possible; efforts surtout dirigés contre ceux qui cherchent à rendre le présent utile à l'avenir qui découle de celui-ci. Par là ils troublent l'ordre dont ils méconnaissent la nature, bien qu'ils s'en disent les conservateurs et bien que leur conservatisme, du reste, consiste le plus souvent à demander au gouvernement républicain les places administratives afin d'être mieux à portée de le renverser.

Tout trouble de l'ordre arrête le progrès; mais l'histoire montre que toujours tous deux se rétablissent graduellement en suivant une voie autre que celle qu'ont rêvée les perturbateurs, soit qu'il s'agisse des utopistes, soit qu'il s'agisse au contraire de ceux qui se disent conservateurs; et cela depuis ceux qui ne savent qu'en revenir aux rêves de Robespierre, jusqu'à ceux qui acclament les faiseurs de coups d'État. Ignorant le cours naturel des choses dans l'évolution des sociétés, ces conservateurs supposent celles-ci soumises à l'arbitraire; ils prennent pour de la force les résultats de leurs tromperies ou du guet-apens et de la violence, dont ils demandent la permanence comme règle, aussi bien dans la famille que dans l'État.

L'homme ne sait, par épreuve ni par contre-épreuve, d'où il vient ni où il va, en tant qu'individu; à mieux parler il ne sait à cet égard que ce que les sciences lui ont appris sur sa provenance terrestre, sur l'accroissement et le décroissement jusqu'à l'évanescence de ses facultés et sur la rentrée moléculaire dans les milieux cosmiques des principes constitutifs de la substance organisée.

Car il faut oser le dire, sur ce que nous sommes après avoir vécu comparativement à ce que nous étions avant, la science est mieux renseignée que ceux qui la jugent d'après de pures préconceptions absolutistes. La méthode qui nous éclaire à cet égard est celle qui nous apprend où, quand et comment apparaissent embryogéniquement les propriétés et les facultés de l'homme et des animaux; qui nous montre comment on meurt et nous donne une contre-épreuve confirmative des plus saisissantes sur la nature de notre existence vitale; qui nous montre qu'on décroît comme on a crû, mais avec nombre d'interventions accidentelles venant s'ajouter et venant compliquer l'évolution descendante naturelle; toutes choses omises par l'enseignement supérieur; toutes choses que n'osent envisager en face ceux qui nous font croire dès l'enfance aux fictions classiques sur les origines de la vie individuelle et sur ses suites ultérieures; et cela bien qu'il soit indispensable de connaître ces origines pour juger sainement les questions sociales les plus élevées, et enfin, bien que chacun en parle comme si la science n'avait encore assemblé aucune donnée réelle sur ces questions.

L'homme, d'autre part, sait d'où viennent et où

vont les sociétés que d'après sa constitution propre et ses instincts naturels il forme et a formées à compter de l'âge de l'ours fossile.

Ceux qui méconnaissent ce que l'histoire et l'anthropologie nous ont appris sur les conditions d'existence, de développement et d'extinction des divers groupes sociaux ne sauraient diriger d'une manière efficace l'instruction ni l'éducation, soit publiques, soit individuelles.

L'éducation et l'instruction sont deux choses d'ordre mental qui se tiennent de très-près, qui sont liées l'une à l'autre, mais qui ne se ressemblent pourtant pas et surtout ne se confondent sur aucun point, pas plus que ne se confondent les deux faces d'une même médaille.

L'éducation est ce que la société tire des qualités naturelles et acquises, tant intellectuelles que morales de l'homme et même des autres animaux qui lui sont associés. Il est incontestable du reste que les animaux, surtout ceux qui vivent en société, donnent des rudiments d'éducation à leurs petits.

L'instruction est ce que chacun, seul ou à l'aide des autres, fait entrer dans son esprit, ajoute à ses propres facultés naturelles, construit et institue à leur aide.

L'instruction s'adresse surtout aux facultés intellectuelles ; elle réagit sur les facultés morales et sur les sentiments, mais surtout par l'intermédiaire des premières.

L'éducation, au contraire, s'adresse surtout aux sentiments et se juge particulièrement par les actes sociaux qu'ils suscitent. Elle peut être tirée des facultés naturelles seules, abstraction faite de toute instruction, ce qui se voit encore trop souvent. Mais comme on le comprend de suite, elle peut toujours profiter aisément de tout le développement que l'instruction fait acquérir aux facultés intellectuelles, bien que par exception il y ait des exemples d'hommes instruits restant plus ou moins sans éducation. C'est par ce résultat de l'accroissement de l'intelligence sous l'influence de l'instruction que l'éducation se trouve intimement liée à cette dernière.

L'instruction est tout ce qui s'apprend du dehors au dedans. L'éducation est tout ce qui se tire du dedans pour être produit au dehors, dans ce qui est naturel et dans ce qui est acquis par l'instruction, de manière que celle-là permet de juger celle-ci.

L'instruction et l'éducation ont pour résultat le maintien et l'amélioration de l'ordre et du progrès dans l'exercice des facultés intellectuelles, morales et de la vie de relation, non-seulement de l'homme, mais encore des animaux auxquels il fait prendre une part dans la vie des sociétés. Aussi voit-on souvent le terme *éducation* pris génériquement pour désigner à la fois ce que donnent ces facultés et ce qu'elles reçoivent ou tirent du dehors.

Dans cet ensemble, l'exercice des facultés intellectuelles et morales occupe le milieu entre deux extrêmes. Ces extrêmes sont représentés d'abord par ce qui touche à ce qu'on nomme l'éducation des organes des sens et des facultés de relations extérieures, tant vocales que locomotrices. Vient enfin tout ce qui touche à l'accomplissement des fonctions végétatives, respiratoires, digestives et reproductrices, dans ce qui, de cet accomplissement, n'est pas purement individuel.

Ces indications sur les facultés dont les manifestations touchent à l'ordre social et dont il s'agit d'améliorer l'exercice dans ce sens, suffisent pour nettement séparer l'éducation de l'hygiène et de la médecine, pour la séparer en un mot de tout ce qui concerne la vie nutritive ou végétative, dans les fonctionnements normaux et morbides, aussi bien que de tout ce qui concerne la constitution des individus dans l'ordre anatomique ou statique. Ces indications séparent naturellement aussi de l'éducation la domestication des plantes et des animaux et l'étude des modifications que le professeur F. Lallemand considérait, à tort, comme des subdivisions de l'éducation physique.

En d'autres termes, l'éducation est un des arts sociologiques dérivant de la dynamique sociale et réagissant directement sur elle.

Ayant pour sujet des êtres vivants, l'éducation et l'instruction s'appuient sur bien des branches de la biologie tant abstraite que concrète; elles leur empruntent même plus d'un moyen d'amélioration; mais elles n'en absorbent aucune, et nulle de celles-ci ne peut la revendiquer comme lui appartenant. L'instruction et l'éducation n'appartiennent pas non plus à la statique sociale, bien que naturellement elle varie d'une société à l'autre suivant la constitution de celle-ci.

L'*enseignement* est autre chose encore que l'instruction et que l'éducation. Il représente en effet l'ensemble des moyens qui servent tant à instruire, à transmettre des connaissances, qu'à éduquer, c'est-à-dire montrer comment on met en évidence celles qui sont acquises. Car ces deux choses doivent être conduites de front, le seul moyen de savoir si l'instruction a fait convenablement pénétrer les connaissances voulues, étant leur mise en évidence d'après les formes qui caractérisent l'éducation. L'instruction s'adressant aux facultés intellectuelles par l'intermédiaire des organes des sens : l'éducation ayant son point de départ dans l'exercice de ces facultés pour se manifester au dehors par l'intermédiaire des fonctions d'expression et d'exécution manuelles et locomotrices : on voit pourquoi les termes enseignement, instruction et éducation sont souvent employés l'un pour l'autre, malgré que leur signification soit en fait loin d'être la même.

Après Gall, Broussais et A. Comte, le professeur Lallemand a démontré avec une grande puissance de logique et de savoir que nul n'est apte à donner une éducation, s'il ignore la nature des facultés dont il s'agit de diriger et de perfectionner l'exercice.

Qu'il en est de ces fonctions de la vie animale ou de relation comme de celles de la vie végétative; c'est-à-dire que tous les phénomènes humains qu'on regarde comme de forme immatérielle dépendent d'un appareil aussi matériel que tous les autres, très-compliqué et composé de parties distinctes chargées de fonctions spéciales;

Que ces différentes parties de l'encéphale sont susceptibles de se développer par l'exercice, de diminuer par l'inaction et de se modifier dans leur structure, de même que le font tous les autres tissus de l'économie suivant les modes des influences auxquelles on les soumet;

Qu'entre les animaux les plus simples et l'homme il n'y a pas, dans ces facultés, des différences de nature, chacune se montrant dans l'un si elle n'existe pas encore dans l'autre, en même temps que se montre telle disposition encéphalique nouvelle qui manquait sur ce dernier;

Que l'éducation ne crée pas des organes non plus que les facultés correspondantes, mais qu'elle ne fait que favoriser ou réduire le développement, suivant la nature des exercices auxquels on soumet des parties qui ont déjà fait leur apparition durant l'évolution individuelle;

Que d'un enfant à l'autre il y a toujours inégalité des facultés intellectuelles, morales, esthétiques, etc., comme il y a inégalité dans les ressemblances de la face, de la taille, etc., et que c'est en vain qu'on croit arriver à les rendre égaux en ce qui touche ces facultés;

Que c'est par la connaissance de toutes ces choses qu'on arrive à transmettre une morale bonne et positive, parce qu'elle est perfectible et accessible à toutes les intelligences;

Mais qu'il faut en bonne morale éviter de rechercher ou d'accepter l'appui de tous principes et conceptions surnaturels; car, *lorsque la morale est fondée sur une croyance religieuse, elle ne joue plus qu'un rôle subalterne*, attendu que jamais on n'a pu voir *tous* s'entendre sur ces principes, dont le *croyant* sincère et fanatique, s'il est le plus fort et s'il est conséquent, doit exterminer l'adversaire qu'il ne peut convaincre (1).

De par la nature propre des religions, c'est-à-dire de par leur origine sentimentale, l'intolérance conduisant au fanatisme n'appartient pas à l'une d'elles plus particulièrement qu'à une autre. Les unes comme les autres encore conduisent ceux qui se disent les *vrais croyants* à proclamer heureux les pauvres en savoir et à repousser la diffusion de l'instruction par cette raison, disent les congréganistes, que plus on apprend, plus se révèle l'impossibilité de tout connaître, plus donc il devient inutile de chercher à s'instruire.

Avec cette manière de voir marche aussi l'obscurantisme, ennemi de toute science proprement dite, parce que l'extension de celle-ci renverse l'absolutisme impérieux des dogmes surnaturels ; parce que surtout elle montre que ce qui distingue les religions de la morale, c'est que dans cette dernière les règles sont intrinsèques, qu'elles proviennent de la constitution même de l'homme et des sociétés, tandis que dans les premières les règles sont extrinsèques en tant que supposées prescrites par un pou-

(1) *Éducation publique*, par F. Lallemand, membre de l'Académie des sciences de Paris, professeur à la Faculté de médecine de Montpellier. Paris, in-12. 1re partie, *Introduction*, p. IX, p. 49, etc... 2e partie, 1852, p. 205, etc.

voir occulte, placé hors de l'homme et supérieur aux siècles sociaux.

Mais il devient opportun ici de répéter avec Auguste Comte que l'éducation doit essentiellement nous apprendre à vivre pour autrui, par l'habitude de faire prévaloir la sociabilité sur la personnalité; chose difficile d'abord, parce que là n'est pas le côté le plus énergique des tendances naturelles de l'homme; mais la satisfaction donnée par ce qu'on tire de soi à l'avantage des autres est assez grande pour qu'elle suscite en nous le désir de recommencer à bien faire.

CHAPITRE III

COMMENT LE DÉVELOPPEMENT NATUREL DES FACULTÉS INTELLECTUELLES TRACE LA MARCHE A SUIVRE POUR QUE CES FACULTÉS S'AMÉLIORENT.

Amélioration de l'ordre et du progrès des facultés naturelles en voie d'activité sociale, telle peut être la définition politique de l'éducation. La marche à suivre lorsqu'il s'agit de la donner à chaque individu, se trouve ainsi tracée par les phases du développement organique des appareils dont ces facultés représentent les fonctions.

En premier lieu, *exercice* des cinq organes des sens par lesquels s'établit une relation entre le milieu extérieur et l'homme; mais en même temps, éducation corrélative des facultés d'expression orale, mimique et écrite, ainsi que des divers modes de locomotion qui établissent une relation de l'individu avec les êtres qui l'entourent.

En second lieu et par-dessus tout, l'*instruction* proprement dite, ou transmission des acquisitions sociales, aux facultés intellectuelles, au fur et à mesure que les années amènent le développement de chacune d'elles dans chaque individu.

Enfin, instruction en ce qui touche ce que l'exercice des fonctions nutritives et reproductrices offre de social; ce qui s'acquiert aussi à mesure que se modifient les appareils de la vie végétative.

Le propre de l'éducation positive étant d'être perfectible, l'instruction, ou mieux, les diverses sortes d'instructions, tout en restant le moyen principal pour donner une bonne éducation, ne constituent pas un moyen suffisant à elles seules.

Il faut de plus que celui qu'on instruit pour un but d'éducation soit appelé à manifester par lui-même les facultés que l'on veut améliorer, afin de juger, d'après cet exercice, des résultats obtenus et de tirer parti de cet exercice même, comme d'un moyen de perfectionnement expérimental.

Il n'est pas de position sociale, soit professionnelle, soit administrative, qui n'exige à des degrés divers l'usage, dans une direction déterminée, des cinq organes des sens ou de quelqu'un d'entre eux. Or il est remarquable de voir à quel point le perfectionnement de ces usages est, en France du moins, soit absolument délaissé, soit relégué à un rang infime, partout où l'éducation générale est fondée sur des préconceptions subjectives d'ordre métaphysique ou congréganistes, toujours plus ou moins abstraites, c'est-à-dire donnée sans avoir en vue un but bien déterminé.

L'importance de l'amélioration de ces fonctions et de l'emploi tant des signes que des mouvements que suscite leur activité, est pourtant des plus manifestes, lorsqu'on voit quelle place tient, dans ce qu'on appelle intelligence, la perfection de l'exercice des sens, alors que les facultés intellectuelles proprement dites ne sont nullement en jeu.

Qu'il s'agisse d'autre part de tirer de nous ce que chacun doit produire, c'est-à-dire des actes professionnels ou de la vie familiale habituelle, cette importance est rendue plus évidente encore lorsqu'on voit inversement à quel point l'imperfection du jeu des fonctions sensorielles est considérée comme signe d'inintelligence ou de faiblesse mentale, en raison du nombre d'actions sociales qu'elle conduit à n'accomplir qu'imparfaitement.

Le perfectionnement des fonctions sensorielles, d'expression et de locomotion devient lui-même, du reste, un moyen de faciliter l'instruction à plusieurs égards.

En fait, l'éducation proprement dite est tant spontanée que systématique. La première est essentiellement morale et accessoirement intellectuelle et esthétique. C'est l'éducation privée, dont la direction et partiellement l'exécution reviennent principalement aux femmes, aux mères par-dessus tout. Le père, livré à la vie active du dehors, n'a ni le temps, ni toujours la capacité morale nécessaires pour s'en charger.

Elle commence à la naissance et doit s'étendre jusqu'à l'âge de quatorze ans. Durant cette période de la vie, ce sont surtout les sentiments inspirant les actes qui doivent fixer l'attention du précepteur, pour qu'ils soient dirigés et cultivés, plus encore que les actes eux-mêmes, toujours plus ou moins soit excessifs, soit hésitants, suivant l'énergie du tempérament ou sa faiblesse. A cet égard, rien n'est à négliger, rien n'est indifférent; car c'est dans cette période qu'on doit apprendre à chaque individu à agir par affection, d'après les sentiments d'attachement plus que d'après les instincts et les besoins personnels.

L'éducation systématique ne fait suite à la précédente, par l'instruction scientifique, ou mieux, ne débute en réalité que vers l'âge de quatorze ans. Alors par les enseignements de la science on apprend à penser pour mieux agir.

L'éducation privée ou familiale se divise par moitié en deux époques, l'une qui se termine vers sept ans, et l'autre vers quatorze ans, sans que jamais l'enfant soit cloîtré durant ce temps-là.

Il y a barbarie à vouloir apprendre à lire aux

enfants avant six à sept ans. Il faut qu'ils connaissent l'existence, la morphologie des choses, et oralement leur nom, avant d'étudier la figure des termes et des signes qui fixent la notion de cette existence.

Mieux vaut encore ne pas lire la description de la mer, que de la lire avant de l'avoir vue ou d'avoir vu quelque étendue qui lui ressemble. Agir autrement empêche l'enfant d'apprendre à observer et à penser, ou le conduit pour toute sa vie à prendre les entités, les mots pour des réalités. C'est donc l'observation répétée, la contemplation concrète qui doit prédominer dans cette période de l'enseignement conduisant déjà à acquérir une notion de l'ordre naturel. Par là se perfectionne l'exercice des sens et des muscles surtout; des sens au point de vue de l'observation, des muscles par rapport à l'action. Il n'y a du reste alors qu'à laisser l'enfant suivre les impulsions venant directement de ses sensations, et lui apprendre à s'en servir pour apprécier le nombre, le volume, la forme, le poids, la couleur, etc., des objets naturels, plantes, animaux, etc.

Au point de vue moral, l'affection pour la mère lui enseigne empiriquement le culte de l'humanité; le père n'est aimé que par considération pour la mère; car, physiquement, et surtout moralement, c'est-à-dire par le cœur, l'enfant appartient plus à la mère qu'au père.

L'enfant commence alors l'amélioration des sentiments; en premier lieu, celle du sentiment de soumission à un être supérieur à lui; puis, du sentiment social par l'attachement et la reconnaissance qui le lient à deux êtres supérieurs. La vue de ceux-ci lui donne le sentiment de continuité; la vue de la mère surtout, providence sans fiction, qui lui prépare les matériaux à l'aide desquels son existence est entretenue; sentiment de continuité qui se développe avant celui de la solidarité.

Quand l'enfant commence à parler, apparaît le sentiment des relations réciproques ou de l'humanité; puis, quand il sent que ce n'est pas sa mère qui a inventé le langage, le culte de celle-ci l'amène au respect et au respect involontaire de la société.

Vers sept ans se développe le sentiment de la fraternité, réelle ou amicale, qui conduit à celui de la solidarité dont l'importance est tout à fait directe.

Rien n'est indifférent dans l'évolution de ces divers sentiments et dans leur perfectionnement; aussi, à cet âge, au lieu d'envisager en lui-même l'acte accompli par l'enfant, ce sont les sentiments qui en ont déterminé l'exécution qu'il faut considérer. Tout pouvant alors soit les élever, soit les pervertir, suivant la direction donnée, il faut encourager les uns et réprimer les autres, c'est-à-dire ceux qui sont trop exclusivement personnels, même ceux qui sont en apparence indifférents.

Dès le début de la seconde enfance, de la deuxième partie de l'éducation domestique par conséquent, par l'exercice physique on habitue à un travail régulier. L'enfant doit apprendre à développer l'instinct constructeur, à construire jusqu'à mettre la dernière main à ce qu'il a entrepris. On doit lui montrer que, dès qu'on agit sur le monde extérieur, pour qu'une chose n'avorte pas, il faut persévérer jusqu'à ce qu'elle soit poussée à bout. C'est la négligence avec laquelle est traité ce côté de l'éducation première qui est cause que nous passons notre vie à faire des projets sans rien savoir achever et rendre applicable. D'autre part, les exercices gymnastiques exigés alors habituent au travail régulier; et, par ce qu'ils ont de régulier, ils font comprendre expérimentalement ce qu'est en fait la pratique.

Mais c'est à cette époque surtout que l'enfant doit apprendre à lire et à écrire. Il doit le faire surtout en lisant et écrivant directement et non d'après de prétendus principes généraux et absolus, pas plus qu'on ne lui a appris à parler dans la deuxième et la troisième année d'après tels ou tels principes grammaticaux. Il faut faire pour lui ce qu'a fait l'espèce, laquelle a constitué les langues parlées et écrites, spontanément, sans grammaire ni principes tracés d'avance. La coordination logique et grammaticale des termes se grave ainsi dans l'esprit par la lecture et par l'écriture expérimentales même, assez déjà pour que plus tard la raison d'être des règles soit comprise sans peine; le tout, sans qu'il y ait besoin pour les garçons plus que pour les filles, de l'étude du latin et du grec, pour les conduire à la pureté et à l'élégance du langage. C'est, au contraire, par l'étude des langues vivantes étrangères, déjà commencée avant cette époque quant au parler, continuée par la lecture et l'écriture, que l'enfant se préparera à étudier les langues mortes, plus esthétiques que scientifiques, dont les premières sont dérivées.

Alors commence réellement l'éducation esthétique par la lecture des fabulistes, des conteurs, des poëtes, etc. Les sentiments exprimés seront certainement seuls compris à cet âge; les idées ne le seront que plus tard. Mais cela suffit; car la deuxième enfance est surtout l'âge de la poésie et de la tendance aux créations poétiques, et l'expression augmente l'intensité des sentiments que l'on éprouve réellement. L'enfant, ayant appris d'abord ce qui est utile, apprend de la sorte à comprendre ce qui est beau, et d'autant mieux que le dessin doit être enseigné en même temps que l'écriture.

Outre l'étude, il y a de plus, dans cette période de l'éducation, essor de l'imagination après et d'après l'observation. Jusque-là, celle-ci ne lui avait donné que des images objectivement perçues, que commencent alors à élaborer les facultés de comparaison et de généralisation déjà en voie de développement. Ce travail mental est à la fois relatif à l'intelligence, aux facultés intellectuelles et au cœur ou facultés affectives. Alors se constitue un commencement de culte spontané qui a principalement pour objet la mère, providence réelle vers laquelle convergent tous les sentiments altruistes.

Cet ensemble d'élaborations intellectuelles et morales amène la constitution d'une logique élémentaire par une convergence déjà manifeste des sentiments, des idées et des signes. Cette convergence se développe sous forme d'expressions mimiques et orales (chant et danse), puis d'expressions écrites par la poésie et le dessin.

Il y a constitution d'un culte rudimentaire par l'effusion plus ou moins réglée des sentiments généraux combinés à des idées générales, s'adressant, sous forme de prières, aux parents; ensemble d'actes moraux qu'on doit encourager à cet âge, en écartant l'idée de toujours tendre une main quêteuse et quémandeuse pour obtenir quelque chose de la personne invoquée; pratique qui forme le côté égoïste des prières théologiques.

Cette évolution naturelle des rudiments de la logique, en rapport avec celle des facultés cérébrales de conception et d'expression, convenablement dirigée, conduit graduellement et sans fatigue au développement des facultés d'analyse et de méditation dont l'étude des sciences implique l'existence et représente l'exercice. Cette étude, dès lors, n'étant que la mise en jeu naturelle d'organes en voie de croissance, se fait sans fatigue, et, par suite, sans répulsion, aussi bien que la marche et les autres exercices ne sont qu'un plaisir lorsqu'ils répondent à l'appel de la mise en jeu des organes du mouvement.

Ainsi a lieu la préparation à l'étude des sciences et de l'histoire. Ce que cette étude doit avoir de commun pour tous, quelle que soit la profession qu'on veuille adopter, commençant vers quatorze ans, ne saurait finir avant l'âge de vingt à vingt et un ans.

De même que l'humanité est restée longtemps livrée aux études cosmologiques ou inorganiques avant de saisir les lois biologiques et celles de l'évolution historique de l'espèce, quatre années devront être consacrées aux mathématiques et à la cosmologie. La cosmologie céleste, astronomique ou déductive, demandera une année avec les mathématiques et la mécanique générale. La cosmologie terrestre ou géographique, une autre année; la physique et la chimie, qui sont des dérivés analytiques des précédentes, demanderont qu'on leur consacre les deux autres années.

L'étude des notions biologiques et sociologiques, nécessaires à tous, rempliront la cinquième et la sixième année.

CHAPITRE IV

SUR L'INSTRUCTION EN GÉNÉRAL.

L'instruction consiste en l'acquisition de notions nouvelles concernant l'homme, les objets et les phénomènes qui l'entourent, tant inorganiques et organiques que sociaux, envisagés dans l'espace comme dans le temps. Les facultés intellectuelles s'exercent ensuite sur ces acquisitions pour concevoir les modifications à venir des phénomènes dont la réalité est constatée.

L'instruction est par suite fondée sur une mise en relation incessante de chaque individu avec les milieux ambiants, inorganiques, organiques et sociaux, envisagés dans leur présent et leur passé, dans le temps et dans l'espace, afin de pouvoir chercher ensuite à prévoir leur avenir et à les modifier, s'il est possible, pour tel ou tel but général ou particulier.

Ces données impliquent la nécessité d'un rapport constant à établir entre la nature des facultés individuelles et celle des objets successivement offerts à celles-ci.

Ces relations de chaque individu avec chacun de ces ordres de choses ne peuvent également être établies efficacement que corrélativement à l'apparition et au développement successifs des facultés d'observation et de méditation, dont l'usage active alors l'évolution, et réciproquement. Or, pour qui connaît le tardif et lent développement des facultés d'induction, de généralisation et de coordination, il est facile de voir que c'est le contraire qui régit notre instruction et notre éducation, quand dès l'âge de sept ans ou environ les vues abstraites du catéchisme et les fictions bibliques sont les notions fondamentales auxquelles on rattache tout ce que nous apprenons.

L'instruction doit donc être donnée de telle sorte que la chose enseignée soit en rapport avec ce que l'enfant peut comprendre, et rien n'est plus dangereux que de la faire débuter par des croyances sans preuves sur ce que l'on dit être des mystères. Elle doit donc être en corrélation avec les âges d'abord et ensuite avec les lieux qui peuvent fournir les objets qu'elle exige. A chaque acquisition l'instruction doit à son tour devenir motif d'éducation, en tant que celle-ci dirige chacun de nous dans les relations envers les individus, la famille et la patrie.

Tous les hommes d'élite qui se sont occupés de ce sujet, les anciens comme les modernes, concluent avec Lallemand (1) que :

« La république, dans son intérêt même, doit donner gratuitement à tous les enfants pauvres l'éducation nécessaire à tous ; et à chacun l'éducation la plus conforme à son organisation, à ses aptitudes; depuis les crèches et les salles d'asile, jusqu'aux écoles spéciales, pour ceux qui l'auront mérité, afin de pouvoir ensuite les employer suivant les résultats obtenus, et rémunérer chacun suivant ses œuvres.

» Cette éducation doit procéder en tout de la pratique à la théorie, des sens à la pensée, des faits particuliers aux lois générales, pour revenir ensuite des règles à l'application.

» Elle doit commencer toujours par ce qui est nécessaire à tous, dans tous les temps et dans toutes les positions.

» Elle doit suivre une marche telle que toutes les acquisitions obtenues servent pour le reste de la vie, à quelque degré qu'elles s'arrêtent ; tout en préparant les voies à de nouveaux progrès, dans tous les genres, à ceux qui sont organisés pour aller plus loin.

(1) F. Lallemand, *ouvrage cité*, 1852.

» Elle doit se préoccuper, dans toutes les branches, de l'utilité pratique, pour le pays et pour l'individu; sans jamais perdre de vue les applications morales et politiques dont elles sont susceptibles. »

Placé à un autre point de vue, montrant que l'impartialité envers tous et en toutes situations, prime tous les autres devoirs du magistrat, M. le procureur général Renouard se prononce ainsi qu'il suit sur le sujet précédent (1) :

« L'ignorance est avant tout l'incapacité de discerner le bien et le mal, le vrai et le faux, l'utile et le nuisible. La science par excellence est celle de la vie; beaucoup la possèdent, bien que demeurés étrangers aux moyens ordinaires de culture intellectuelle; ils l'ont acquise de l'expérience, et méritent, en vérité, le nom d'ignorants moins que tel savant à esprit faux, tel littérateur sans convictions ni croyances.

» L'ignorant complet est un être neutre aux actes duquel, œuvre d'un instinct sans règle et sans guide, manque la responsabilité. Il est juste de lui beaucoup pardonner, car il ne sait ce qu'il fait; mais il est un fléau pour la société que sa brutalité menace. C'est un impérieux devoir de travailler à

(1) *De l'Impartialité*. Paris, 1874, in-8°, p. 21 et suiv.

introduire quelques rayons de lumière dans ce chaos inintelligent.

» Le devoir de détruire l'ignorance ne se concentre pas dans les efforts commandés aux individus sur eux-mêmes. Il nous est imposé envers nos semblables, et chacun est strictement tenu de travailler, dans sa sphère, à y prendre part. Aucune excuse n'existe pour les parents, *pour les gouvernements* qui s'abstiennent de multiplier les moyens d'instruction, *pour les citoyens de tout rang et de toute classe* qui, loin de prêter assistance à la propagation d'utiles vérités, empoisonnent l'opinion publique par le scandale de leurs actes ou par le cynisme de leurs paroles et de leurs écrits...

» L'ignorance isole de la société ceux qu'elle rend incapables d'en comprendre la fonction : elle ne voit pas la règle. L'indifférence est pire; c'est le cœur qu'elle isole; elle ne sait où est la règle et la traite comme n'existant pas.

» Bien autre est l'impartialité. Elle n'est ni froide, ni hautaine, ni aveugle, et n'abdique aucune affection acquise. Les hommes que leur modération de caractère et de conduite aide le mieux à en contracter l'habitude, sont ceux dont l'intelligence sait comprendre les opinions autres que les leurs, et qui ne se défendent pas du désir d'expliquer les pensées d'autrui par des motifs plausibles et honnêtes plutôt que par des intentions perverses et des sentiments mauvais. Un peu de bonté ne nuit pas à la clairvoyance et conduit à la tolérance, intime alliée de la justice. »

On voit que l'obligation de la part des parents et de l'État de donner à tous une instruction en rapport avec les facultés de chacun est reconnue par les hommes que leurs travaux ont le plus autorisés à cet égard, soit qu'ils se placent au point de vue scientifique proprement dit, comme Lallemand, soit qu'ils envisagent la question au point de vue social et philosophique le plus élevé comme M. Renouard.

L'intime solidarité qui unit l'éducation à l'instruction, qui rend celle-ci indispensable pour l'évolution de la première, sans qu'une bonne éducation soit pourtant jamais la conséquence inévitable d'une bonne instruction, cette solidarité ressort des termes mêmes employés par les auteurs que je viens de citer.

CHAPITRE V

SUR L'ENSEIGNEMENT PRIMAIRE.

Il est impossible d'entrer ici dans tous les détails qu'exigerait un simple programme des différentes phases des enseignements dits *primaire*, *secondaire* et *supérieur*, divisions qui, au moins administrativement, peuvent être conservées. Mais il est impossible d'éviter de signaler leurs lacunes les plus importantes. Elles sont déjà mises en évidence par cè fait, qu'une liaison doit être établie entre le développement de chaque faculté et la nature des notions correspondantes que l'on veut faire acquérir. Or c'est là un des côtés de la pédagogie qui est certainement des plus négligés.

D'autres lacunes tiennent à ce que ces phases de l'enseignement ne sont pas ordonnées suffisamment de manière à ce que l'une prépare à entrer sans peine dans la suivante.

L'enseignement primaire doit débuter par l'enseignement de la lecture, de l'écriture, du dessin, de la musique et du parler des langues étrangères. L'âge auquel on le fait commencer est, en effet, celui qui correspond au développement le plus énergique des facultés d'expression mimique, orale et écrite. Toute impression nouvelle, causée par un geste, un signe, un son articulé ou modulé, se trouve répercutée automatiquement aussitôt que perçue, comme dans les actions réflexes, et conduit à l'imitation si facile qu'on observe chez les enfants. De nombreuses impressions différentes de celles-là peuvent, en l'absence du signe, du son, etc., amener dans les organes encéphaliques la répétition, dite spontanée, des perceptions et des actes intellectuels qu'elles ont déjà suscités. Cette répétition, qui caractérise la mémoire, est des plus faciles tant que la nutrition et l'évolution cérébrales sont actives, et par là se fixe en outre l'état organique qui caractérise chaque impression.

Ici la rénovation moléculaire continue saisit, en quelque sorte sur le fait, les parties organiques en jeu et rend durable le facile retour de leur exercice. Il suffit donc de s'astreindre à susciter ces divers ordres d'impressions d'une manière convenablement ordonnée pour faire apprendre sans difficulté à cet âge la lecture, l'écriture, le dessin, les langues parlées, la musique, etc. Donnée lorsque le développement cérébral est achevé, cette instruction exige au contraire des efforts sans nombre et conduisant toujours à des résultats bien moins parfaits qu'aux époques antérieures.

Les données précédentes de physiologie cérébrale ou psychologique s'appliquent en tous points encore aux impressions causées par le spectacle de tous les objets et de tous les phénomènes journaliers, tant cosmologiques et organiques que sociaux, dont nous sommes entourés.

Quelle que soit la position sociale dans laquelle un homme se trouve, il ne peut éviter d'être incessamment mis en relation avec les milieux ambiants représentés par ces objets et ces phénomènes, en voie incessante de modifications eux-mêmes. Une partie considérable des termes de chaque langue se rapporte à la désignation de ces objets, etc. Rien donc n'est plus important que de profiter des conditions évolutives favorables indiquées plus haut, pour, en temps et lieux convenables, ordonner l'enseignement de telle sorte, qu'en présence de chacun de ces objets et phénomènes l'enfant soit exactement instruit de son nom et de l'indication de sa provenance. En d'autres termes, les corps et les phénomènes célestes et atmosphériques, les diverses sortes de sols, de minéraux, de plantes et d'animaux, que l'enfant rencontre à chaque pas et que l'on doit lui faire chercher au besoin, doivent aussi lui être nommés. Ici, comme dans l'étude des langues, le mot ne doit venir qu'en face de l'objet et toujours l'objet doit appeler le mot.

Cette éducation des sens doit de plus être donnée, alors et surtout, durant les années de l'enseignement secondaire en s'aidant des diverses catégories d'objets qui sont en rapport avec la nature même de chaque fonction et avec les qualités des corps dont ils nous font acquérir la notion. Ce côté de la question qui représente une partie des plus importantes de l'enseignement est pourtant des plus négligés, malgré la nécessité pour tous de relations incessantes avec l'extérieur qui nous domine.

Quiconque a vécu avec les enfants sait que ces noms et les indications générales sur les caractères distinctifs et la provenance exacte de ces objets sont retenus par lui, quel qu'en soit le nombre, aussi aisément que tous les mots du langage général. Les efforts de réminiscence de ces termes ne sont plus nécessaires alors, dans les années ultérieures; d'autant sont diminués les efforts qui sont inévitables plus tard lorsque les facultés intellectuelles proprement dites sont appelées à envisager scientifiquement tous ces mêmes objets et ces phénomènes, soit aux points de vue divers de leur nature intime, de leur décomposition analytique, soit au contraire, au point de vue synthétique de leur formation; ou bien encore sous le rapport de leurs ressemblances conduisant à leur classement, par déduction ultérieure, mais aux époques seulement de l'instruction tant secondaire que supérieure. Il n'est pas de ville ni de village où ne se trouvent à chaque instant sous les pas des enfants, à telle ou telle époque de l'année, un nombre suffisant, et souvent considérable, d'espèces minérales et d'espèces organiques dont une connaissance, même sommaire, est utile pour tout le reste des études et de la vie.

Le manque absolu de ce genre d'instruction dans notre enseignement primaire est déplorable ; car bien qu'étant des plus nécessaires, comme on l'a vu plus haut, le jeune âge passe, sans que le plus grand nombre trouve jamais l'occasion de le recevoir ; d'où une infériorité intellectuelle et morale des plus frappantes des uns, par rapport à ceux qui ont pu acquérir ces connaissances.

La facilité avec laquelle les impressions nouvelles laissent des traces durables que reproduisent aussitôt et transforment en signes les facultés d'expression, favorise mieux dans l'enfance qu'à tout autre âge l'étude de la géographie terrestre et hydrographique. Ses termes tirés des langues les plus diverses sont aisément retenus, quand, ainsi que cela doit toujours être, les cartes font saisir d'abord le siége et l'image générale des objets, en tant que montagnes, fleuves, mers, îles, caps, etc, Chacun peut aisément s'assurer de ce fait sur les enfants; dès l'âge de huit à dix ans, cet enseignement ne s'oublie plus, et reste une récréation à côté des autres quand il est ainsi dirigé.

Cette étude conduit naturellement à celle de l'histoire, par l'indication des époques de la découverte de chaque lieu ou objet terrestre et des espèces d'habitants qui s'y trouvent. L'histoire, du reste, ne saurait être apprise sans la connaissance préalable des lieux occupés et parcourus par les civilisations, leurs colonies, leurs chefs, etc.

Dès cet âge, de huit à dix ans ou environ, l'indication du nom du plus grand nombre possible des objets et des phénomènes qui doivent être présentés à l'enfant doit peu à peu être accompagnée d'indications sur la manière de les observer. L'observation en effet ne doit pas se borner à la simple contemplation de l'objet ou du phénomène; il faut de plus diriger l'attention sur la nécessité de comparer les uns aux autres soit les caractères principaux d'un même objet, soit celui-ci à d'autres, et les phénomènes météorologiques, etc., à leurs semblables dont l'existence a déjà été constatée.

CHAPITRE VI

SUR L'ENSEIGNEMENT SECONDAIRE.

Ici les années employées par les études précédentes et la nature même des choses étudiées, nous font entrer dans l'instruction secondaire. Cette entrée s'effectue sans peine, puisque toutes les notions acquises sont une préparation à ce qui va être exigé comme développement, soit concret, soit abstrait pour atteindre tel ou tel but professionnel. La peine est d'autant moindre, que c'est par ce qui doit, ou au moins par ce qui devrait terminer l'instruction primaire, que débute l'instruction secondaire (1).

Par l'étude du langage, l'instruction primaire

(1) Je me borne sur ce sujet à de courtes indications parce que c'est de toutes les branches de l'enseignement celle sur laquelle nous possédons le plus de documents utiles et sur laquelle il y a le moins à innover. Voyez les ouvrages cités ci-après, et en particulier : Louis Narval, *le Positivisme dans l'éducation*. Dans la Philosophie positive (Revue). Paris, t. XV, p. 62 et 125 (1875) ; t. XVI, p. 1267, t. XVII, p. 211 (1877) ; t. XVIII, p. 75 (1877).

conduit en premier lieu à l'étude des lettres. Envisagée dans sa plus grande étendue, elle ne saurait être faite sans que soit menée de front l'étude grammaticale, par chacun, de sa propre langue et d'une ou de plusieurs des langues vivantes que l'enseignement primaire a appris à parler. Ces études, tant littéraires que grammaticales, rendent facile celle des langues mortes auxquelles il force de remonter; elles ne sont difficiles, en réalité, que pour ceux qu'un vice de méthode étrange, bien que maintenu encore, oblige d'étudier le latin et le grec dès le bas âge, avant d'avoir appris par expérience sur le langage usuel, ce que sont le parler d'une langue et ses modes, ses temps grammaticaux, etc.

Ces diverses études, aussi bien que celles des détails de la géographie, conduisent inévitablement à donner plus d'extension à l'enseignemeut de l'histoire, qui réagit à son tour incessamment sur les premiers enseignements de la manière la plus efficace.

L'instruction secondaire ne doit interrompre aucunement les études antérieures de la musique, du dessin, non plus que les acquisitions empiriques et concrètes sur le nom et la provenance générale des phénomènes et des objets météorologiques, minéralogiques, botaniques et zoologiques. Elle devrait les continuer et les développer suivant les aptitudes individuelles, comme couronnement pour ceux qui, représentant le grand nombre, sont, dès que les forces deviennent suffisantes, amenés par leur condition à se consacrer aux arts agricoles, industriels ou commerciaux. Elle devrait en faire d'autre part une introduction à l'enseignement supérieur, par les notions tant scientifiques proprement dites que logiques, soit inductives, soit déductives, que donnent les études des années précédentes; notions dont les facultés intellectuelles sont, à cet âge, déjà capables d'ébaucher l'élaboration.

C'est dans cette période de l'enseignement que devraient être développées le plus les facultés d'expression par le perfectionnement dans l'étude des langues d'une part, dans celle du dessin de l'autre. Le dessin en particulier devrait et pourrait devenir un moyen d'expression aussi familier que l'écriture, comme il l'est chez les Chinois. Il y a certainement à ces divers égards des aptitudes de races qui rendent compte de notre infériorité, comparativement à d'autres peuples en Europe; mais il faut tenir compte de ce qu'il s'agit ici de l'exercice de facultés dont les perfectionnements sont transmissibles héréditairement. Or il est fort probable qu'après quelques générations pourraient être acquises ainsi les aptitudes qui nous manquent.

Il est implicitement entendu, dans ce qui précède, qu'avec l'étude du langage, de l'écriture et du dessin ont été développées continuement les notions de moins en moins élémentaires, de plus en plus abstraites, concernant les nombres, les figures géométriques et algébriques, avec celles des combinaisons arithmétiques, etc., que ces figures servent à exprimer.

L'instruction gratuite et obligatoire, indispensablement commune aux enfants des deux sexes, cesse avec l'enseignement secondaire, en raison de ce que, dans le siècle présent, les nécessités sociales entraînent hors des écoles un trop grand nombre d'individus, dès que le développement organique individuel donne les forces voulues pour les travaux manuels nécessaires à la réalisation des conditions permanentes de l'existence nutritive.

CHAPITRE VII

SUR L'ENSEIGNEMENT SUPÉRIEUR.

Le plus petit nombre est conduit à l'instruction supérieure, volontairement cherchée. Faisant suite à la précédente qui la prépare, elle comprend l'étude abstraite et concrète, dans l'ordre le plus élevé, d'une ou de plusieurs des sciences fondamentales, savoir :

1° La mathématique avec ses dérivés concrets et artistiques ou industriels d'ordre mécanique, géométrique, etc.;

2° L'astronomie mathématique et physique, avec ses dérivés concrets et industriels concernant notre globe, le seul directement abordable par l'homme, c'est-à-dire la géologie avec les diverses branches hydrographiques et météorologiques;

3° La physique et ses nombreuses branches en tant que sciences concrètes avec leurs dérivés esthétiques et industriels;

4° La chimie avec ses dérivés au moins aussi nombreux que ceux de la physique;

5° La biologie abstraite et concrète dont les dérivés agricoles, zootechniques, anthropologiques, médicaux, pharmaceutiques, etc., sont plus nombreux et plus compliqués encore;

6° Enfin la sociologie, avec les divers enseignements abstraits et concrets qui s'y rattachent, depuis l'histoire en général, le droit, la philosophie, la morale, jusqu'aux belles-lettres et aux beaux-arts, etc.

Les notions fondamentales qui font le sujet de cet ordre d'instruction, exigent que toutes les facultés intellectuelles et morales soient apparues chez celui qui aborde telle ou telle de ses branches.

Il ne faudrait pas croire, d'après ces indications, que les données précédentes constituent un programme d'enseignement destiné à faire des savants. Il ne comprend en effet que l'exposé des clartés de la science à chaque époque donnée. Le savant est celui qui, par observations, comparaisons, épreuve et contre-épreuve, donne la démonstration de la vérité des suppositions ou hypothèses nouvelles qu'il a faites sur la nature réelle des corps ou des phénomènes.

Il y a, comme on le voit, un abime entre les clartés des notions acquises que chacun doit connaître, et les conceptions de plus en plus profondes sur la nature des choses, dont les savants cherchent à prouver l'exactitude. A cet égard, on peut apprendre à un autre ce que sont ces clartés et les procédés toujours perfectibles à l'aide desquels on en constate la réalité; mais les conceptions personnelles et les voies à suivre pour en démontrer l'exactitude ne s'enseignent pas. De là vient que presque toujours l'homme de science sort du milieu de ceux dont l'éducation a été imparfaite ou irrégulière, au point de vue officiel, et reste inévitablement un original devant le plus grand nombre. C'est qu'en effet, ses conceptions et ses procédés de démonstration lui sont propres et personnels, quant à leur origine, mais non tirés des choses connues qu'il s'agit de vulgariser par l'enseignement général.

Cette rapide indication suffit pour faire sentir ce qui existe déjà, et ce qui manque, touchant ces divers ordres d'instruction, dans l'enseignement actuel. Elle fait comprendre quelles sont les modifications à faire à ce dernier, tant par suppressions que par additions, accomplies graduellement et sans rupture avec le passé. Ces modifications, quelque importantes et urgentes qu'elles soient, pourraient se faire en peu d'années sans difficulté, avec l'enseignement gratuit et obligatoire d'une part pour les instructions primaire et secondaire, et avec son complément, l'enseignement libre dans les trois ordres.

Mon sujet n'implique pas l'exposé des détails que comporte l'exécution de ces modifications; je me bornerai à signaler que de précieux renseignements existent déjà à cet égard dans les publications de MM. Bréal (1), Sabatier (2), Bert (3), Lafargue (4), et surtout Picot (5).

Pour revenir aux généralités résumant ce qui précède, nous voyons en somme que dans la première enfance l'homme observe d'une manière absolue surtout les êtres, les objets, et que c'est là surtout ce qui lui doit être offert, avec les termes qui les désignent, sans le détourner des conceptions fétichiques et des fables par lesquelles il explique les phénomènes qui le frappent.

Déjà, dans la deuxième enfance, les phénomènes

(1) Bréal, *Sur l'instruction publique en France*. Paris, 1872, in-12.

(2) Sabatier, *Programme d'éducation positive*. Paris, 1872, in-8°.

(3) P. Bert, *Projet de loi sur l'organisation de l'enseignement supérieur*. Paris, 1872, in-8°.

(4) Lafargue, *Des Programmes de l'instruction publique*. Paris, 1873, in-8°.

(5) J. Picot, *Projet de réorganisation de l'instruction publique*. Tours, 1871, in-8°. — Voir aussi les Rapports divers publiés chez Hachette, Garnier, etc., sur l'instruction publique en Amérique, en Allemagne, etc.; voir encore dans *Philosophie positive* (revue), de Fontpertuis, 1871 et 1873, et Louis Narval déjà cité.

le frappent, et son imagination peut saisir en quoi leurs manifestations sont liées à l'existence des objets, à telle ou telle substance, et que leur inséparabilité en fait des individualités, sans intervention de puissances extérieures. Mais ce n'est que de quatorze à vingt ans, en fait, que la notion de lois peut être saisie graduellement, depuis celles qui concernent le cours des astres jusqu'à celles de la biologie et de la sociologie. Alors déjà l'homme peut sentir quelles sont les conditions d'existence de la famille et quelle est la nature des devoirs réciproques qu'elle implique, depuis la paternité, la maternité et la fraternité jusqu'à la domesticité; comment la notion de devoir, notion d'ordre moral, conduit à régler l'usage de la force matérielle dont l'accroissement pousse à la violence. Il pourra voir comment la fortune est une charge ou fonction sociale, imposant des obligations et des devoirs à remplir, comme toute autre fonction. Il comprendra qu'alors même que l'homme a acquis cette fortune et à plus forte raison s'il en hérite, il a plus reçu de la société qu'il ne lui donne, intellectuellement et matériellement. Il verra encore, sans courir vers aucun péril social, que la morale fondée sur l'ensemble de ces notions s'affermit par la discussion, tandis que les théologies ne peuvent la supporter; nulle n'y résiste en effet, justement en raison de ce qu'on dit être mystérieux dans leurs origines, et aussi parce qu'il n'y a pas d'actions auxquelles elles ne prêtent leurs pardons, pourvu qu'on soit croyant et pratiquant, ou tout au moins qu'on dise l'être.

En fait, jusqu'à vingt et un ans l'homme reste sous la tutelle de la famille, de l'humanité. Alors même que, par l'apprentissage professionnel, il s'exerce déjà au côté actif et matériel de la vie sociale, qui bientôt deviendra pour lui une obligation, un devoir, l'humanité le nourrit encore et il ne lui rend pas à cet âge ce qu'il lui coûte.

A ce point de vue en effet, l'éducation comme l'instruction doivent conduire finalement tout homme à choisir une profession et à se soumettre à toutes les nécessités de l'apprentissage qu'implique la pratique de celle-ci, qu'elle doive ou non être continuée par la suite. Le retour intellectuel sur toutes les choses apprises théoriquement jusque-là, qu'exige l'examen de leurs combinaisons dans les applications professionnelles devient un puissant moyen de vérification de leur valeur, un complément de la plus grande partie pour ce qui touche au développement des facultés sensorielles et intellectuelles surtout, et morales même. Car avant tout il devient de plus en plus nécessaire chez nous que l'instruction et l'éducation ne soient pas telles qu'elles conduisent, à croire que tout est fait lorsqu'on est arrivé à pouvoir tout ramener à une formule littéraire ou à un article de reporter.

Les méthodes d'enseignement que donne le positivisme montrent qu'il est moins un dogme à part qu'une simple application sociale des procédés scientifiques; c'est une méthode non pas nouvelle, mais complète, qui fait rentrer dans la conception que nous pouvions avoir de l'univers et de notre monde, tous les phénomènes accessibles à nos moyens d'investigation (1).

Mais ceux-là se trompent étrangement qui s'imaginent que cette doctrine humaine est imparfaite parce qu'elle se borne aux notions positives, aux acquisitions des six sciences fondamentales et aux applications à notre destinée qui en résultent. Il n'est pas une découverte qui n'y trouve sa place hiérarchique ; pas un progrès n'est réalisable sans subir l'épreuve de ses procédés de classement, pas une vérité n'est acceptée si elle prétend échapper aux vérifications expérimentales incessamment renouvelables qui constituent l'instruction et l'éducation positives dans leur force indéniable, à l'opposé des incertitudes que provoque sans cesse le régime théologico-métaphysique.

Si cette doctrine exclut systématiquement de ses

(1) Voyez en outre sur ce point E. Bourdet, *Principes d'éducation positive*. Paris, 1877, in-12; 2e édit., chap. I et suiv.

recherches et de son cadre les questions surnaturelles, ce n'est pas qu'elle nie l'intérêt philosophique des études qui partent de l'absolu et de l'infini; mais elles n'en sortent, par les efforts de l'esprit humain, que pour y rentrer sans jamais nous satisfaire par une solution quelconque, sauf l'hypothèse d'une révélation théologique.

Ces études, qui appartiennent au régime épuisé de la métaphysique, sont, par leur essence même, en dehors des moyens uniques d'action reconnus par la science, l'expérience, l'observation, la comparaison et le raisonnement. Aussi les savants s'interdisent-ils de les accepter, en raison surtout de la nullité, et même du danger pour la société et la morale, des résultats auxquels conduit de nos jours la continuation de ce régime. Aussi enfin, la philosophie positive n'a-t-elle avec elle aucun de ceux qui veulent l'écrasement des hommes qui ne pensent pas comme eux, afin sans doute de reculer plus facilement.

CHAPITRE VIII

SUR LES LIENS QUI UNISSENT L'INSTRUCTION ET L'ÉDUCATION AVEC LA SOCIOLOGIE ET LA MORALE ÉLÉMENTAIRES.

J'ai déjà dit que tout sujet d'instruction devient motif d'éducation, dès que, sortant de l'examen des caractères particuliers à chaque espèce de corps, on aborde l'étude de leurs relations entre eux et avec les êtres vivants, depuis l'origine jusqu'à la fin des uns et des autres.

Nombre de notions morales doivent être aussi données dès les débuts de l'instruction primaire, puis développées de plus en plus durant les années consacrées à l'instruction secondaire, bien qu'en fait beaucoup ne puissent être pleinement connues dans leur raison d'être que grâce aux notions, tant abstraites qu'empiriques, fournies par l'enseignement supérieur. Des exemples faciles à choisir lui apprendront sans peine comment dans le principe, alors qu'on ne connaissait pas la nature humaine, au lieu de cultiver dans l'éducation les instincts altruistes, de manière à diminuer l'intensité d'action des sentiments égoïstes, on s'adressait, comme stimulant du travail, à l'orgueil et à la vanité; ce qui, au lieu de faire saisir la beauté des choses apprises, conduisait à prendre pour but l'abaissement des uns au profit des autres. Par là viendront sans efforts les changements de mœurs qui rendront efficaces et durables les changements d'institutions, auxquels résistent les gouvernements de combat régis par la ligue des classes nommées, assez mal, classes dirigeantes.

Parmi ces notions il en est d'une importance capitale qui manquent complétement dans l'enseignement actuel. Elles doivent être familières à tous, aussi bien à ceux qui ne peuvent pousser leurs études au-delà de l'instruction gratuite et obligatoire qu'aux autres. Formant le couronnement de l'instruction secondaire, elles feraient en même temps comprendre à ceux qui s'arrêtent là, aussi bien qu'à ceux qui poussent plus loin leurs études, quelle est l'importance et le but de chacune des diverses parties de l'instruction supérieure.

Ces notions, que nos écoles laissent entièrement de côté, malgré leur évidente nécessité, sont d'ordre général; néanmoins elles sont aisément saisies dès l'âge de treize à seize ans, époque où se termine l'instruction secondaire; elles sont nécessaires aux classes agricoles, ouvrières, commerciales autant qu'aux autres, car elles viennent comme conséquence des données acquises par l'instruction secondaire. Indiquons-les rapidement ici.

Les instincts de sociabilité qui poussent les hommes à se réunir en famille, puis en société (laquelle pour certains vient remplacer la famille) font que les conditions d'existence et de conservation des États sont les suivantes aux points de vue matériel et organique fondamental. Ce sont l'agriculture qui produit, l'industrie qui met en œuvre, le commerce qui distribue et la banque qui facilite les échanges. Les termes sont pris ici dans leur sens générique le plus étendu, sans tenir compte des subdivisions spécifiques des diverses fonctions sociales qu'ils désignent et que l'enseignement sur ce point aurait à indiquer au moins en partie.

Les relations nécessaires d'homme à homme, dans l'exercice de chacun de ces modes de l'activité humaine, rendent inévitable et indispensable une éducation s'adressant aux signes oraux et écrits, au langage et à l'écriture, aussi bien qu'une éducation de l'œil et de la main dans l'ordre technique ou manuel. Ce fait est important à noter en face du nombre encore si grand de ceux qui s'efforcent de prouver qu'une partie seulement, dans chaque nation, devrait être instruite intellectuellement, tandis que l'autre devrait ne s'occuper que des exercices manuels voulus par telle ou telle profession, à l'exclusion soit de la lecture, de l'écriture, du calcul, du dessin, etc.

Ce manque d'éducation des organes des sens, c'est-à-dire de celle qui dérive des leçons de choses qui se voient, se touchent et se comparent est un des plus grands défauts des systèmes actuels d'éducation. Il se fait gravement sentir dès que l'étude des sciences est dirigée vers un but professionnel, depuis la mécanique jusqu'à l'anatomie et à la physiologie. On ne saurait croire ici en particulier combien est grand le nombre de ceux qui toujours prêts à apprendre tout de mémoire reculent jusqu'à l'époque du doctorat devant les manuels opératoires voulus par toute observation, tant biologique que médico-chirurgicale. Aussi celui-là est-il de suite fort, par rapport aux autres, qui sait toucher, ajuster, disséquer ou dessiner et se plie à toutes les tentatives infructueuses qui précèdent inévitablement la réussite d'une expérience ou d'une recherche, dont le résultat final se fait toujours attendre plus ou moins longtemps. Aussi rien de plus important chez nous que de multiplier les moyens de perfectionnement de notre instruction supérieure à cet égard.

D'autre part l'étude des sciences complexes,

comme la biologie et celle de tous les arts nouveaux, agricoles et autres, qu'amènent les progrès scientifiques, obligent d'emprunter des termes soit au langage général en changeant plus ou moins leur sens, soit aux sciences les plus avancées. Ces études forcent trop souvent aussi d'en créer de nouveaux. La désignation d'objets restés inconnus ou méconnus jusque-là rend inévitable cette manière de faire.

Pour le premier cas on peut citer, par exemple, le mot *cellule* et ses dérivés employé en biologie pour désigner le principal genre des éléments anatomiques ou parties constituantes élémentaires des plantes et des animaux. De là vient que pour s'entendre et pour éviter toute confusion dans un exposé, on se trouve de plus en plus forcé de voir directement les objets sur l'étude desquels s'appuient la science ou l'art dont on s'occupe.

Rien de plus facile et de plus important à faire saisir aux adolescents de toutes les classes que la manière dont les diverses branches de l'agronomie géologique et biologique sont nécessaires à l'industrie, celle-ci au commerce et celui-ci aux diverses formes des professions touchant aux finances; comment d'autre part la banque est indispensable à toutes les autres professions et de même le commerce pour l'industrie et l'agriculture.

Dès lors aussi la plupart des hommes comprendront aisément comment l'exercice naturel et régulier des fonctions morales et intellectuelles conduit au développement des beaux-arts et des sciences, dont, en fait, la culture n'est possible qu'autant que sont remplies, au moins à un certain degré, les conditions d'existence sociale rappelées plus haut.

Rien de plus frappant et de moins difficile encore à citer que les exemples qui montrent de quelle manière, réciproquement, de génération en génération les sciences réagissent sur les fonctions sociales précédentes, en améliorant et développant sous toutes leurs faces les procédés économiques, industriels, commerciaux et financiers. Arrivé là, rien de plus aisé que de prouver qu'en tout et partout le progrès est le développement de l'ordre.

Ces notions sont certainement banales pour bien des hommes éclairés; mais les plus courtes conversations sur ce sujet montrent bien vite qu'elles sont ignorées du plus grand nombre, depuis le plus humble servant des agriculteurs jusqu'à ceux qui se rangent dans les classes dirigeantes.

Or, pour qui sait à quel point la connaissance entraîne le respect pour la chose connue, quand elle tient au vrai et à l'utile, ou excite, au contraire, la répulsion pour elle si elle est fausse, l'importance sociale de ce genre d'instruction sera facilement saisie. Elle est des plus évidentes au point de vue de l'ordre et du progrès. La connaissance de la solidarité qui unit les fonctions sociales indiquées plus haut, fait promptement disparaître la haine ou le mépris que manifestent certaines professions à l'égard des autres; mépris dont l'énergie est d'autant plus grande qu'il part d'individus, non pas toujours moins instruits, mais moins éclairés. Éclairé veut dire ici comme jadis, qui sent mieux l'utilité sociale de tel ou tel ordre de connaissances; utilité qui devrait être mise en relief à propos de chaque chose apprise, et qui pourtant ne l'est jamais dans l'enseignement officiel. C'est par là, et non par la force ou par la crainte des peines à venir, que le paysan et l'ouvrier apprendront à préférer le banquier à l'usurier, qu'ils verront que le propriétaire, l'industriel, le financier, etc., sont des fonctionnaires d'un certain ordre dont l'existence est indispensable à tout progrès social et qui ne sont point nécessairement des voleurs.

Nous sommes heureusement organisés de telle sorte que notre affection se dirige ou même se fixe sur tout ce que nous faisons; aussi verra-t-on se produire pour le cas qui précède, ce qui se passe lorsqu'en étudiant une langue étrangère nous nous prenons à aimer ceux qui la parlent.

On ne s'étonne pas moins de voir omis, dans l'instruction qui doit être donnée à tous, les notions suivantes, que déjà Turgot demandait, qui ont une importance aussi grande au point de vue du maintien de l'ordre social, de son progrès par suite, et qui sont plus faciles à saisir encore.

Ces notions sont celles qui concernent les divers degrés de l'utilité du pouvoir et de ses agents, au point de vue du maintien de l'ordre public, depuis les gardes et les gendarmes, jusqu'aux principales administrations et jusqu'aux fonctionnaires dans l'ordre des juridictions civiles, commerciales, administratives et criminelles. Il est vraiment étrange de voir toutes ces choses, avec lesquelles chacun est appelé à avoir affaire à des titres divers, n'être enseignées qu'à ceux qui se dirigent vers elles pour un but professionnel.

Même remarque aussi pour ce qui touche aux liens sociaux qui unissent le village au canton, celui-ci à l'arrondissement, ce dernier au département, qui, par son chef-lieu, tient à la capitale, au conseil d'État et à la cour des comptes par le conseil de préfecture, et ainsi des autres.

L'importance de ces notions se fait comprendre encore en raison de ce que ce sont elles qui, sciemment ou non, établissent une liaison, une solidarité mentale entre les populations des parties éloignées les unes des autres dans chaque État, du sud au nord et de l'est à l'ouest; or c'est de cette solidarité que résulte l'idée de la patrie, qui tend chez nous à diminuer sous l'influence de l'état d'ignorance, tant absolue que relative, où la majorité de la population est laissée depuis vingt-cinq ans.

La gravité de cette ignorance d'une part, et de l'autre la nécessité des perfectionnements à donner à l'instruction primaire et secondaire, dans le sens qui vient d'être indiqué, est rendue évidente encore par les faits suivants.

En sortant des écoles primaires actuelles pour retourner aux champs ou aux ateliers, sachant lire et écrire, les enfants et les adolescents n'ont guère lu que le catéchisme. Nul ne les a conseillés touchant ce qu'ils devaient lire; rien surtout ne leur a donné les connaissances élémentaires qui peuvent leur rendre assez compréhensibles les livres utiles, pour que la lecture de ceux-ci devienne profitable et attrayante entre leurs mains.

Aussi n'y a-t-il pas lieu de s'étonner lorsqu'on les voit n'être aptes à comprendre rien autre chose que les brochures et les petits livres ineptes qui sont répandus dans les campagnes, à un nombre tel qu'il dépasse tout ce qui a lieu pour tels autres livres que ce soit. A cet égard, il semble vraiment que ceux qui sont chargés administrativement du maintien de l'ordre moral se complaisent à permettre, par-dessus tout, la diffusion de ce qui peut fausser le jugement et les sentiments au lieu d'instruire.

D'autre part, et cela s'applique encore plus à ceux qui peuvent aborder l'instruction supérieure, rien n'est plus important dans tous les ordres de relations sociales qu'un fond commun de connaissances, quelle que soit la diversité des occupations, des positions et des opinions. Hors de là, les relations inévitables de tous les jours deviennent bientôt d'insurmontables motifs d'éloignement ou de haine (1).

Ce fond commun d'entretiens, entre individus de classes les plus élevées jusqu'aux plus humbles, c'est le sujet de l'instruction primaire et secondaire donnée à tous qui doit le produire. Ce fond commun rendra de plus en plus considérable le nombre des livres que pourront utiliser, et que rechercheront avec empressement ceux qui n'auront pu dépasser l'enseignement secondaire sans voir leur temps absorbé par les nécessités professionnelles.

Rien ne prouve plus que ce qui vient d'être dit que l'instruction ni l'éducation ne doivent pas être réservées aux individus appartenant à une seule

(1) Depuis dix ans, au Mexique, dix-neuf États ont établi l'instruction gratuite et obligatoire, et on y *enseigne les devoirs et les droits du citoyen ainsi que les bases sur lesquelles repose l'organisation de l'État mexicain.* (*Journal officiel*, 1876, p. 4791.)

classe de la société, contrairement à ce que l'on entend encore soutenir par beaucoup de ceux dont l'instruction a été purement littéraire.

Ce fait même que la connaissance de la nature réelle des choses nous impose envers elles, soit le respect, soit la défiance, suivant ce qu'elles sont, devrait certainement aussi conduire l'enseignement à donner quelques notions sur le socialisme, dont chacun entend ou entendra parler, quelle que soit la profession qu'il choisisse. Ce serait là le meilleur moyen complémentaire pour arriver à en faire craindre les illusions et éviter les violences.

« Sous le nom de socialisme, en effet, dit M. le docteur Bourdet, on range l'ensemble des doctrines réformatrices plus ou moins applicables à notre époque; il y a donc plusieurs sortes de socialisme, et il ne faut pas *à priori* repousser l'examen de toutes les théories qui se présentent sous ce titre pour la recherche des lois et des procédés d'amélioration de notre sort humain. Nous ne sommes plus au temps où le bûcher, l'exil, l'injure et le mépris remplaçaient les raisons dans la polémique. La concorde, la conciliation, l'indulgence doivent s'introduire peu à peu dans les rapports entre citoyens. Nous avons l'égalité civile et politique, nous vivons par la solidarité industrielle et commerciale, l'intolérance sacerdotale n'est plus à craindre : voilà un commencement de socialisme pratique sous la protection duquel les travaux théoriques doivent se faire jour et se ranger dans la science dernière, la sociologie. Il y a seulement trente ans que le mouvement socialiste se sépara du mouvement politique dans notre pays; il essaya brutalement le sort des armes en 1848 et fut cruellement réprimé avant qu'aucune formule pratique eût pu traduire son progrès. Sous le règne rétrograde et humiliant de Napoléon III, le parti socialiste, loin de disparaître, se fortifia par le fait même de la corruption de la classe gouvernementale, et aujourd'hui il n'y a pas une nation en Europe où le socialisme ne soit un élément considérable.

» Les associations contre le chômage, la résistance contre les coalitions du capital, la mutualité pour l'instruction technique, la surveillance de l'éducation en dehors du clergé, les mesures d'hygiène, les soins de maladie, tout peut être demandé aux débuts du socialisme. Celui-ci se distingue en deux écoles, le communisme et l'individualisme. Si nous reconnaissons à chacune d'elles une sollicitude également consciencieuse pour l'amélioration humaine, nous n'accordons pas la même valeur aux conceptions premières qui dirigent l'une et l'autre : les individualistes, laissant à la personne humaine toute son initiative et sa spontanéité, feront plus pour l'avenir que les communistes, trop enclins à livrer à l'aristocratie, facile à renaître, ou à des Césars, faciles à trouver, les destinées humaines, qui s'abandonnent, et il arriverait bientôt qu'une délégation trop absolue des pouvoirs sociaux et politiques ferait retomber l'humanité sous le joug des traditions d'autorité abstraite propagées par le clergé, trouvant leur prétendue filiation dans le droit divin, la papauté, la monarchie et le césarisme (1). »

Conduire le plus grand nombre possible d'hommes du second degré de l'instruction jusqu'au degré supérieur est un fait dont l'importance est rendue évidente encore par les données qui suivent. Il est bien connu des voyageurs et des colonisateurs que les nègres et aussi les hommes de la race blanche qui ne participent pas depuis de longs siècles au progrès de la civilisation saisissent d'abord aussi bien que les Européens les données mathématiques élémentaires, littéraires, musicales et autres venant de l'enseignement secondaire et supérieur. Mais, dès qu'ils rentrent dans le milieu social dont ils sont sortis, dès que cesse ou se ralentit la mise en rapport continu des facultés intellectuelles avec les données de l'expérience et de l'éducation scientifiques, il y a arrêt dans les progrès du développe-

(1) E. Bourdet, ouvrage cité, p. 25.

ment commencé. Puis bientôt se manifeste une rétrogradation caractérisée par le retour aux idées et aux usages empiriques dont la continuité des efforts antécédents les avait fait sortir. Quelle que soit ensuite l'énergie des nouvelles tentatives faites pour les ramener au progrès autrefois accompli, ces tentatives restent inutiles devant une obstination, souvent plus grande de leur part que de ceux qui n'avaient pas encore participé à cet ordre de mouvement intellectuel.

Or, dans notre milieu social aussi, nous pouvons observer, à des degrés divers, une stagnation de même ordre, sur tous ceux qui avant la première vieillesse cessent tout exercice des facultés intellectuelles. Au lieu du progrès continu auquel conduit l'acquisition permanente de données nouvelles, ou un retour incessant sur la valeur des vues soit inductives, soit hypothétiques qui nous dirigent, c'est même bientôt une véritable rétrogradation qui se manifeste.

Ici s'impose la nécessité de l'instruction gratuite et surtout obligatoire devant ce fait que nombre de ceux qui se sont enrichis, l'ayant fait sans grande instruction, ou sans développer celle qu'ils avaient reçue, n'ont aucune idée de donner à leurs enfants l'éducation nécessaire dans l'état présent ou refusent même de le faire.

Ces effets de l'ignorance s'observent aussi bien dans les villes que dans les campagnes; de là le maintien des riches à un niveau intellectuel qui les rapproche beaucoup à cet égard de ceux qui ne le sont pas. De là chez les premiers, à peu près autant que chez les seconds, le peu d'intérêt ou le mépris qu'ils montrent pour ce qui concerne la recherche de la nature réelle des choses; le tout au profit de tel ou tel système exclusif et absolu, en politique comme en religion, qui, au moindre insuccès ou en face de quelque danger de guerre, conduit aussitôt à l'abandon de tout sentiment patriotique; ce dont nous aurons à reparler et dont nous voyons de nombreux exemples parmi ceux que devrait diriger exclusivement l'intérêt de la dignité de notre pays en face de l'Europe.

Pour terminer enfin, combien n'importerait-il pas de montrer que la vérité est signe de savoir, de force, de maturité, de possession de soi-même, pour l'individu comme pour la société qui la découvre et à laquelle on en doit la notion, par l'intermédiaire de la découverte des lois scientifiques; que le mensonge est l'argument des enfants, des débiles, des déments, des peuples non encore civilisés; que le préjugé et le fanatisme en usent au besoin avec la même ténacité, dès qu'échouent leurs autres procédés, dans leurs tentatives de résistance au progrès et de retour à un passé usé.

CHAPITRE IX

LIENS QUI UNISSENT L'INSTRUCTION ET L'ÉDUCATION AU CHOIX D'UNE PROFESSION.

La profession, le métier tiennent de près à l'instruction et à l'éducation. Ils sont liés à la première par les moyens d'action qu'elle fournit. Ils sont liés à l'éducation par ce que l'homme tire du savoir et de ses propres facultés pour produire et mettre au dehors, en fait d'œuvres accomplies avec plus ou moins de perfection.

Il est une chose encore que ne doit jamais oublier celui qui enseigne : c'est que tout détail d'instruction, d'acquisition intellectuelle par l'intermédiaire des sens devient ou peut devenir un motif d'éducation. Tout détail peut être le point de départ de quelque élaboration des facultés mêmes qui viennent de se perfectionner aussi, perfectionnement qui se manifeste au dehors par l'intermédiaire des facultés d'expression et d'exécution manuelles et locomotrices.

Là est la liaison intérieure entre l'activité individuelle et l'activité professionnelle et sociale.

Quand l'exercice méthodique qui améliore le développement des facultés morales, intellectuelles et d'expression montre celles qui fonctionnent et se manifestent le mieux, le plus facilement et avec le plus de satisfaction pour celui qui agit comme pour les autres, il montre en même temps quelle doit être la direction professionnelle que doit prendre chaque individu. Ce fait est, du reste, depuis longtemps connu et empiriquement appliqué.

Mais ce qu'il y a de particulièrement urgent, c'est que l'État intervienne le plus possible pour que, quelles que soient les couches sociales d'où sortent ceux qui manifestent d'heureuses facultés d'exécution, ils soient mis à portée de faire sortir en œuvre accomplie ce qu'ils ont conçu dès que leurs propres ressources ne suffisent pas. Sous ce rapport un certain degré de centralisation sera toujours nécessaire.

Il y a un abîme entre la conception et l'exécution; le courage, et la persévérance surtout, nécessaires pour établir entre la première et la seconde les relations voulues pour que la conception devienne effective en tant que production sociale, voilà ce qui doit ici le plus fixer l'attention.

Cette attention de l'administration centrale est

nécessaire pour plusieurs raisons. La première, est que l'aptitude aux fonctions d'ordre élevé n'est pas de celles qui se transmettent le mieux par hérédité. Elle surgit par voie d'innéité organique dans toutes les couches sociales et non pas plus spécialement dans une classe que dans une autre. Pour empêcher la décrépitude d'une part, pour utiliser toutes les forces supérieures qui se manifestent, de l'autre, de façon à susciter le progrès d'une manière incessante, il est par suite indispensable de les aller prendre partout où elles sont.

Cette nécessité résulte déjà du seul fait de la comparaison du nombre proportionnel des individus appartenant à telle ou telle profession.

Actuellement, en France, sur 36 millions d'habitants, 2 millions encore (6 0/0) vivent de leur revenu; 34 millions (94 0/0) travaillent et produisent des utilités diverses, savoir : professions dites libérales, 5 0/0; agriculture, 52 0/0; industrie, 23 0/0; banque, commerce et transports, 14 0/0.

Or, sans parler de 2 millions d'individus vivant sans rien produire, l'agriculture et l'industrie seules apportent dans chaque état des valeurs, des acquisitions matérielles et pécuniaires.

Toutes les autres professions coûtent par cela même qu'elles ne produisent qu'intellectuellement, ou ne produisent qu'aux points de vue économiques de la conservation et de l'utilisation des matières premières.

La production agricole annuelle de la France est évaluée à 8 milliards de francs. La production industrielle à 12 milliards 700 millions.

Les matières premières fournies par l'agriculture ou par l'importation entrent dans cette production pour 60 0/0 (7 milliards 700 millions).

Des 40 0/0 restant (5 milliards) sont gagnés par le travail industriel et doivent être répartis entre les ouvriers et patrons pour payer les salaires, l'outillage, l'intérêt des capitaux, loyers, frais généraux de tous genres et la rémunération des patrons. Les salaires à la journée ou aux pièces absorbent la moitié (2 milliards 500 millions).

Aussi sous le rapport des applications de l'enseignement au choix des professions et à leur perfectionnement, les individus dont il importe le plus de s'occuper sont naturellement les plus nombreux, et ces derniers sont précisément ceux qui consacrent leurs labeurs à l'obtention des conditions d'existence organiques ou premières des individus et de la société.

L'agriculture qui produit, l'industrie qui met en œuvre, le commerce qui distribue, et la banque qui facilite les échanges, tel est en effet ce qui représente l'ensemble de ces conditions fondamentales.

Les agriculteurs et les industriels sont les producteurs.

Les commerçants et les financiers sont les distributeurs et répartisseurs.

Une fois assurées, ces conditions d'existence individuelles et sociales, et avant même dans les esprits et les peuples d'élite, se développent les sciences et les productions esthétiques qui surgissent et s'élèvent au dessus, en dominant le tout.

Ce tout, les sciences le dominent de plus en plus, parce qu'une à deux fois par siècle, partout où elles se répandent, elles renouvellent de fond en comble, en les perfectionnant, tel ou tel des procédés de l'agriculture, de l'industrie, du commerce, des finances même, non sans fournir par des raisons semblables de puissants motifs d'évolution aux beaux-arts.

Rien donc n'est plus important que de faire comprendre, dans toute étude devant conduire à choisir une profession, combien peut devenir dangereux l'esprit de routine, qui, si l'on ne s'y prend de bonne heure, ne se prête plus qu'à l'exécution d'une seule chose, de ce qui seul a déjà été fait; qui bientôt s'oppose à tout remplacement d'un procédé par un autre, et surtout à l'intervention de ce qui n'a pas encore été tenté.

Ce qu'il importe de bien comprendre, c'est que

la raison d'être de cette influence des sciences gît dans ce fait que : par la découverte et l'utilisation des propriétés ou forces immanentes à la matière, tant brute qu'organisée, les recherches expérimentales établissent une relation de plus en plus étroite entre toute action et les conditions diverses de son accomplissement. Et la science le fait malgré le petit nombre de ses représentants, avec le budget le plus petit entre tous.

En un mot, la science fait déjà sous ce dernier point de vue, pour l'ensemble des choses saisissables par l'esprit, ce qu'il faut qu'aujourd'hui la société fasse pour établir une liaison de plus en plus étroite, par l'enseignement, entre l'individu et les choses sur lesquelles il doit agir.

Ce qu'il y a de plus important présentement en ces matières, encore une fois, c'est de s'occuper du plus grand nombre.

Ce plus grand nombre comprend, d'une part, les agriculteurs, au nombre de 18 millions en France. Notons que parmi eux il n'y a que de 7 à 8 millions de travailleurs actifs, et 9 à 10 millions en comptant les femmes prenant part aux travaux des champs et des fermes; le reste comprend les enfants et les vieillards des deux sexes, inactifs et qui coûtent.

D'autre part, la *population industrielle* (8 millions 400 000 habitants, y compris les femmes, enfants et vieillards) se réduit à 3 200 000 travailleurs actifs, dont 800 000 patrons et 2 400 000 ouvriers (3 ouvriers pour un patron).

On divise cette masse de travailleurs, savoir :

En industries extractives, qui comptent 14 717 patrons et 163 816 ouvriers, c'est-à-dire 11 ouvriers pour un patron;

En grande industrie (usines et fabriques), 183 227 patrons et 1 112 006 ouvriers, soit 6 ouvriers pour un patron;

Et en petite industrie, 596 776 patrons et 1 million 60 444 ouvriers, moins de 2 ouvriers pour un patron.

La vie industrielle se divise en trois grandes périodes : l'apprentissage, le salariat et le patronat.

La première forme du salariat est payée à la journée; puis quand l'ouvrier a acquis une suffisante habileté professionnelle, il passe au travail aux pièces ou à façon, qui est plus rémunérateur, avant de devenir producteur pour son compte.

Depuis 1853, les salaires à la journée ont augmenté en moyenne, pour Paris : hommes, de 3,82 à 4,99; femmes, de 2,10 à 2,78. — Dans les départements : hommes, de 2,06 à 2,90; femmes, de 1,07 à 1,48. C'est, en vingt ans, une hausse de 40 0/0 (deux pour cent par an).

Le règlement du prix des salaires et des autres

conditions de la production constitue un ensemble constant de rapports entre les patrons et les ouvriers. Ces rapports sont le plus souvent harmoniques et quelquefois troublés par des causes diverses.

Longtemps le règlement de ces rapports a été confié à des collectivités professionnelles, sous le nom de corporations, corps de métiers, maîtrises, jurandes, compagnonnage, etc. Il est, aujourd'hui, individuel entre chaque patron et ouvrier. Les adversaires du régime actuel regrettent seuls le passé auquel ils voudraient revenir en cherchant à en supprimer les abus (1).

Mais ici, en présence de ces professions les plus variées de toutes, embrassées de gré ou par nécessité par le plus grand nombre des individus, il faut reconnaître, avec le rapporteur de la Chambre des députés, qu'en certaines questions locales il n'est pas permis de réglementer le travail sans arrêter immédiatement sciences, progrès, perfectionnement et découverte. Et si, par impossible, on voulait le tenter, qui formulerait ces règlements? Faudrait-il laisser ce soin à des collectivités, syndicats, corpo-

(1) Rapport fait par M. Ducarre, député, sur les *Salaires et rapports entre ouvriers et patrons*, au nom de la commission d'enquête parlementaire sur les conditions du travail en France. Paris, 1855, in-4.

rations, communautés ou maîtrises, isolées ou fédérées entre elles? Ce serait organiser un État dans l'État. Faut-il que l'État réglemente lui-même et assume une fois de plus les responsabilités sous lesquelles ont plié les Valois, Henri IV, Louis XIV, Colbert et la Convention? Poser de pareilles questions, c'est les résoudre par la négative.

La liberté du travail, formulée par Turgot, décrétée par la grande Constituante, est la raison d'être de notre prospérité industrielle. Elle laisse à tous les citoyens français, ouvriers ou patrons, le soin de régler leurs rapports professionnels comme ils l'entendent. Elle interdit à toute collectivité, quels que soient son nom, sa forme ou son origine, de se substituer à leur initiative personnelle, c'est-à-dire au développement des inégalités naturelles devenant supériorités individuelles par le fait de l'instruction que l'on reçoit ou que l'on se donne avant et pendant la poursuite d'un métier, état ou profession.

« Les lois actuelles, dit le rapport, n'interviennent que pour protéger et faire exécuter les conventions librement consenties par eux et entre eux. Perfectibles comme toutes les œuvres humaines, ces lois doivent être tenues au courant, au niveau du progrès et de la civilisation. Mais elles doivent respecter avant tout, et de la manière la plus absolue, la *liberté individuelle du travail.* »

Les ouvriers proprement dits, soit industriels, soit agricoles, qui vivent uniquement de salaires, forment le quart de la population totale de France. (L. de Lavergne.)

C'est ce quart, sans parler des femmes, qui jusqu'à présent se trouve obligé, pour satisfaire aux conditions matérielles d'existence individuelle, d'embrasser une profession, un métier, avant d'avoir pu acquérir autre chose que notre instruction primaire et, pour une infime minorité, quelque chose de l'instruction secondaire des arts et métiers.

Il faut ajouter encore que parmi les 5 millions et quelque 100000 individus qui, sans être des ouvriers proprement dits, vivent pourtant de salaire dans les professions relatives aux transports par terre et par eau, au commerce, aux finances, il en est beaucoup aussi qui se trouvent dans les mêmes conditions que ces derniers.

Or, ce sont les enfants de ces nombreux producteurs qu'il s'agit de mettre à portée, par l'instruction, de trouver ce qui fait aimer puis perfectionner le métier choisi ou que l'on est forcé de prendre; ce qui fait aimer non-seulement sa terre et son logement, mais encore le gouvernement adopté; de trouver ce qu'il faut faire pour élire les représentants de ce gouvernement par les votes où l'appelle le suffrage universel, afin de ne pas se laisser exploiter par la réaction qui le trompe en lui faisant croire ce qu'elle veut, là où il pourrait parvenir à juger par lui-même.

Là est le but où doit tendre toute instruction en passant par ce qui concerne la profession, si l'on ne veut pas justifier par trop le proverbe disant que : *l'homme qui ne sait que son métier n'est qu'un imbécile;* proverbe fondé, en ce que celui-là ignore, en effet, d'où ce métier vient et le rôle qu'il remplit dans l'ordre social et politique.

Ce qu'il faut aussi que sache bien ce plus grand nombre, c'est que pour lui la question est de savoir s'il veut, par l'instruction véritablement nécessaire à chaque profession, se rendre capable d'intervenir dans ses propres affaires politiques et de nationalité, ou s'il veut continuer à se laisser régir par un petit nombre d'habiles, trop souvent instruits seulement des choses qui ne servent à rien, mais qui seraient incapables de se donner par eux-mêmes des moyens d'existence, pour peu qu'ils cessassent d'être nourris par ce qu'a produit le travail de leurs prédécesseurs.

Si l'on considère que la population actuelle de la France est répartie entre 37 548 communes, on arrive à constater que les petites communes qui comptent moins de 3000 habitants ont 36 228 délégués sénatoriaux, alors que les villes dont la population excède 3000 habitants ne disposeront que de 1320 voix.

Si donc ces habiles n'ont pas voulu exploiter politiquement les autres, si c'est réellement dans l'intérêt du pays, plus que dans un intérêt personnel et dynastique, que la loi a été faite ainsi, éclairer ce plus grand nombre au-delà de ce qu'exige un métier quelconque et de ce que peuvent apprendre quelques réunions électorales devient une nécessité saisissante.

En faisant cela, l'État montrera, d'autre part, quelle doit être la nature et l'étendue de la centralisation administrative. Il le fera en tirant de ce grand nombre ceux qui, faute des meilleures aptitudes, se trouvent dépourvus des moyens matériels voulus pour s'élever jusqu'à l'instruction supérieure et de là aux professions dites libérales qui exigent cette dernière; à celles du moins de ces professions qui, d'ordre scientifique, sont les sources essentielles du progrès par la détermination de la nature réelle des forces naturelles.

Pour ceux dont la fortune est assurée, ils devraient être forcés de prendre une profession effective, telles que celles de médecin, de géologue, d'historien proprement dit ou d'archéologue au moins, sinon d'agriculteur ou de militaire, et cela en raison des relations réciproques qui lient les professions les unes aux autres et à la constitution des sociétés, dont elles représentent aujourd'hui les fondements après s'être substituées aux castes.

Quant à la dignité des professions, elle n'a d'autre mesure que l'étendue des connaissances exigées par chacune d'elles et aussi la distinction individuelle dans l'exécution et la mise en œuvre qu'elles impliquent.

La nécessité pour l'État de s'occuper de l'instruction du plus grand nombre, qui manque des moyens voulus pour se donner ses propres enseignements, nombre qui représente celui des individus à profession forcée, n'est pas moins évidente également, puisque là encore il s'agit de faire surgir le mieux, dans l'ordre des forces productrices. Certainement ici déjà les écoles urbaines et départementales d'arts et métiers satisfont dans de certaines limites à ces besoins; mais le plus souvent l'instruction primaire antécédente n'a pas donné une préparation permettant d'en tirer tout le parti convenable et possible.

Par ces acquisitions, chacun sentira comment perfectionner son état est du patriotisme; chacun sentira comment tout métier, choisi de telle sorte qu'il soit en rapport avec les facultés qu'a développées l'instruction, est un acte d'éducation, d'extériorisation intellectuelle qui satisfait et développe; car ce n'est pas travailler qui alors est pénible, c'est faire autre chose que ce qu'on voudrait exécuter. Aussi voit-on ceux qui vivent sans rien faire, mourir plus tôt que les autres, et surtout se croire plus souvent malades, ce qui est déjà une souffrance compliquant l'improductivité.

J'ai déjà dit que l'enseignement donné parallèlement, si l'on peut ainsi dire, aux phases naturelles du développement des facultés intellectuelles qui, plus que les autres, s'accroissent par l'exercice et s'éteignent par l'inactivité, l'enseignement doit être tel qu'il conduise chacun à choisir une profession en rapport avec ses aptitudes.

Ces conditions sont malheureusement encore très-imparfaitement remplies dans les trois degrés de notre enseignement. Les fâcheux effets de ce manquement sont des plus manifestes lorsqu'on examine quels sont les sentiments qui guident généralement dans le choix d'une profession; toutes questions qui, malgré les apparences, n'ont rien de puéril dans l'état actuel de notre pays et de son administration.

Se sentir apte et décidé aux efforts voulus pour utiliser socialement telle ou telle de ses facultés morales, intellectuelles ou esthétiques, voilà ce qui caractérise la vocation.

Or il est manifeste qu'en dehors des cas de développement exceptionnel de ces facultés, pour que surgisse et dure cette conception, il faut que ces facultés y aient été conduites par l'enseignement.

Hors de là il est malheureusement trop commun de voir la prétendue vocation pour l'art militaire n'être qu'une question de vanité ou la tendance à prendre une profession qui permette de vivre à peu près sans rien faire, du moins intellectuellement, dès que tel ou tel grade est obtenu. Il est trop commun aussi de voir ce qu'on dit être la vocation religieuse n'être que le désir de choisir une profession qui évite les dures nécessités du travail agricole, les risques du service militaire et qui, par la robe et les fonctions remplies, place de suite au-dessus de ceux dont on se détache.

Ailleurs, c'est par la crainte des risques de la guerre que les riches poussent leurs fils vers la médecine, alors qu'autrefois ils en faisaient des avocats, restant généralement ensuite sans rien faire ni savoir. Celà, du reste, n'est pas sans avantages, parce que tel est l'attrait des observations scientifiques et la variété de leurs applications que ceux qui sont intelligents se dirigent vers ces recherches, parce qu'ils peuvent satisfaire aux dépenses qu'elles entraînent et qui entravent un si grand nombre des autres.

Mais, que l'on y songe bien, après la profession médicale, l'agriculture végétale et zootechnique, dès qu'elle s'appuie sur quelque instruction, est de toutes les professions celle qui, par les observations et les comparaisons qu'elle implique, donne le plus de satisfactions intellectuelles. Elle l'emporte même sur la plupart de celles qui sont une application plus ou moins directe des sciences physico-chimiques et géologiques, ou de celles qui consistent en une élaboration nouvelle, critique ou non, de ce qui a déjà été fait par les autres ; l'histoire proprement dite, sous ses formes philosophique, bibliographique et archéologique étant toutefois exceptée.

Ces enseignements donnés pour tendre vers un but professionnel, aussi bien que ceux de l'enseignement supérieur, feront comprendre que l'homme doit nourrir la femme, qui nourrit, devra nourrir ou a nourri ses enfants.

Quant à la femme, son éducation professionnelle doit dériver des enseignements intellectuels qu'elle a reçus et qui doivent à leur tour lui permettre de donner la première éducation à ses enfants.

En d'autres termes, cette éducation professionnelle devrait être telle qu'elle enseignât au moins aux femmes ce qu'il faut savoir pour nourrir et vêtir leurs enfants. Rien de plus singulier que de voir à quel point on les laisse ignorer sur ce point ce qu'elles auront à faire et à enseigner autour d'elles. Toujours se figurer, jamais ne savoir, pour rester sans rien apprendre, tel semble être le but qu'on veut atteindre dans l'ordre intellectuel en instruisant les femmes; les rendre soumises au prêtre, oppressives des opinions du mari, semble devoir suffire pour elles. Et, quoiqu'on dise, tout ce qui touche à l'ordre matériel dans les acquisitions s'en ressent de la manière la plus fâcheuse et tout reste ici à un degré déplorable d'insuffisance.

Je ne parle même pas de ce qu'on pourrait et devrait leur apprendre sur ce qu'elles peuvent exécuter sans peine dans nombre de choses concernant l'agriculture; non plus de ce qu'elles devraient savoir pour utiliser tout ce que celle-ci amène entre leurs mains, depuis les aliments jusqu'aux médicaments qu'elles ne savent pas préparer.

Il est, du reste, nombre de métiers qu'elles pourraient adopter parmi ceux qui n'obligent pas de quitter la maison si une éducation moins bornée que celle des écoles congréganistes ne semblait encore partout être tout ce qu'elles sont susceptibles d'apprendre; comme si se préoccuper de ce à quoi leurs facultés intellectuelles et morales les rendent aptes ne méritait pas d'être pris en considération.

Il est certain que cela implique de grands changements dans les méthodes et dans les dépenses de l'enseignement. Mais l'augmentation voulue sera peu lorsqu'on voudra comparer notre budget de l'instruction publique à celui des autres pays, à celui des États-Unis d'Amérique, par exemple. Ici en effet, pour une population un peu moindre que celle de la France, plus de 450 millions de francs sont dépensés chaque année. De cette somme 373 millions sont consacrés aux seules écoles publiques pour les enfants de 6 à 16 ans, alors que pour atteindre le même but nous n'en dépensons pas 75 dans nos enseignements de tous les ordres (1).

Si, en donnant l'instruction, il faut avoir pour préoccupation constante la profession qu'elle doit conduire, soit à adopter un jour, soit à perfectionner si elle a été forcément suivie, il est un autre côté de la question qu'il importe de ne pas oublier, lorsqu'au lieu d'examiner les conditions d'existence des sociétés, on regarde celles de leur développement progressif.

Nous avons déjà signalé la corrélation qui existe entre les facultés intellectuelles et les actes sensoriels expressifs et d'exécution motrice. Elle est telle que la réaction de celles-ci sur les autres fait que les professions qui impliquent de la délicatesse et de la précision dans les mouvements habituels d'exécution, affinent l'intelligence et rendent l'indi-

(1) Voy. *Journal officiel de la République française*, 1877. 3 mars, page 1627.

vidu distingué d'esprit, de manières et de conversation. C'est là un fait trop vérifié par l'observation des médecins, en rapport tous les jours avec des hommes dans toutes les positions sociales, pour qu'il y ait lieu d'insister davantage. Plusieurs ont noté déjà que, quelle que soit la position de fortune, ceux qui vivent sans rien faire restent ou descendent souvent à cet égard au-dessous des premiers.

Mais, d'autre part, chose capitale, toute profession peut fournir une partie des documents voulus pour arriver à se donner une instruction supérieure, pourvu que l'enseignement secondaire ait indiqué ce que les méthodes générales ont d'essentiel et d'opposé à l'esprit de routine, par la voie de l'observation, de l'expérience et de la comparaison.

Il faut, en effet, que cet enseignement fasse comprendre que par la nature des objets qu'il est obligé de voir et de toucher, que par les procédés de leur mise en œuvre, chaque ouvrier acquiert une partie des documents qui par des inductions d'ordre de plus en plus élevé permettent de constituer l'enseignement supérieur.

Beaucoup de ceux qui s'élèvent au-dessus de la moyenne n'ont pas eu d'autres sources d'instruction. Si le plus grand nombre ne peut faire ainsi, il peut être conduit à atténuer utilement les fâcheux effets du manque premier d'acquisitions inductives.

Par les généralités qui précèdent, j'entends indiquer par exemple que l'éducation technique des ouvriers tailleurs de pierre et charpentiers donne et permet de développer chaque jour des notions de géométrie plus élevées et plus étendues que celles que possède et retient le plus grand nombre, non sans avantages intellectuels.

Toutes les industries minières conduisent à l'acquisition de notions minéralogiques et géologiques des plus utiles et se prêtent aisément à une large extension scientifique.

Les nombreuses industries qui reposent entièrement sur l'emploi des machines constituent autant d'écoles expérimentales où séjournent des hommes qui peuvent y acquérir directement des notions sur les divers genres de mouvements, sur la résistance des divers solides, sur les propriétés de la vapeur et des liquides qui la fournissent, et tant d'autres. Or on s'étonne toujours de ne pas voir aux grands établissements industriels qui emploient ces bras être annexées plus souvent, même aux frais de l'État, des écoles ou de simples salles de conférences, destinées à faire ressortir l'importance des notions ainsi acquises devant ceux mêmes qui les possèdent. Les mieux utiliser après en avoir mieux compris la valeur et la portée intellectuelle, mieux éviter les dangers que fait courir l'emploi des forces de cet ordre, etc., seraient autant de buts atteints sans peine et avec plus de précision qu'on ne le voit faire actuellement.

Toutes les formes de l'agriculture, botanique et zoologique, donnent de la géologie, de la chimie et de la biologie des notions les plus saisissantes, empiriques et spéciales il est vrai, mais qui toutes avec un peu de méthode et quelques enseignements généraux, peuvent conduire à l'intelligence des problèmes les plus ardus de la science.

Sans avoir passé par les phases les plus élevées de l'enseignement supérieur, comme lorsqu'il s'agit de l'étude de la médecine, par exemple, l'esprit voit surgir des inductions de même ordre, bien que moins générales, moins étendues qui sont les conséquences logiques de cette succession d'observations continues. Il y a de la sorte une répercussion de l'empirisme sur la science qui donne de l'élévation au métier, qui guide dans le choix des hommes, et que la politique aussi bien que l'enseignement peut perfectionner durant toute la vie.

Si au contraire l'empirisme reste abandonné à ses seules acquisitions il devient dangereux en face des nécessités de tous les jours, aussi bien techniques que générales. Il est en effet, forcé de chercher la solution de chaque difficulté dans des préconceptions sans rapport avec la nature réelle des choses et des mouvements. L'effet pour l'ouvrier est ici le même que celui qui résulte pour l'enfant de l'enseignement de notions qui ne sont pas en rapport avec le degré de développement de ses facultés morales et intellectuelles.

Répétons, en terminant, que ce qu'il faut encore c'est que l'instruction conduise à ne pas se départir des préoccupations d'ordre social, dans quelque profession que ce soit; c'est que l'instruction qui, par des nécessités quelconques, doit s'arrêter à telle ou telle phase de son développement ait donné, dès que l'évolution des facultés humaines le permet, l'idée et les moyens de tirer parti des documents que tout métier peut fournir, et cela autant pour tendre à perfectionner celui-ci, que pour s'élever soi-même par ce fait. Là est ce qui donne de l'attrait à tout ce que l'on exécute.

CHAPITRE X

SUR QUELQUES APPLICATIONS SOCIOLOGIQUES DE L'INSTRUCTION SECONDAIRE ET SUPÉRIEURE.

Dans toute la durée des enseignements secondaire et supérieur, tels qu'ils sont propagés actuellement, non-seulement on ne nous donne pas, mais on évite de nous donner, quelque notion que ce soit sur l'existence d'une science sociale dont l'étude s'élève au-dessus de toutes les autres.

On craint de faire comprendre de bonne heure à ceux qui seront des hommes que ce qu'ils apprennent à chaque moment donné est d'abord une préparation à l'acquisition d'une profession; que de plus, c'en est une à l'intelligence de problèmes qui rendent intéressantes les moindres exigences professionnelles.

De tout cela il n'est pas même question dans les classes dites d'*humanités* et de *philosophie;* là nul ne vient nous enseigner que les objets de ces études sont des produits sociaux, que ce sont des manifestations d'une évolution politique; qu'ils ont été rendus possibles par telle ou telle circonstance évolutive antécédente. Nul ne nous fait voir comment, en étudiant les œuvres des poëtes et des philosophes, c'est la sociologie que nous abordons par son côté esthétique; que, par conséquent, pour bien comprendre la valeur et la beauté des choses exprimées, il faut savoir au moins qu'il existe pour elles un cours naturel saisissable; que ce cours naturel est saisissable aussi bien dans les agglomérations humaines qu'en ce qui regarde le développement individuel des animaux et des plantes.

Et ici quelle que soit celle des situations libérales ou administratives auxquelles aspire un homme, il ne suffit plus de reconnaître seulement les bienfaits de la science dans ses applications à l'ordre matériel et économique des sociétés. Il faut encore voir quelles sont les données sociales proprement dites et philosophiques qu'elle fait pénétrer dans l'esprit du plus grand nombre, véritables vibrations harmoniques d'une octave supérieure qui pénètrent directement dans l'ordre des conceptions morales, qui s'y cantonnent, qui viennent y constituer ce qu'on nomme la *conscience publique*, dont on a dit avec raison que si elle dort quelquefois elle ne meurt jamais, et au contraire se perfectionne toujours.

Il ne suffit même plus de constater que la science a amené un changement complet dans la conception du monde et quel est ce changement. Il faut montrer quel est l'ensemble des dogmes et des institutions représentant l'*esprit moderne*, qui obligent de conformer l'éducation et la morale à cette conception nouvelle de l'univers connu (1).

C'est parce que parmi ceux qui étudient les sciences il en est tant qui ne poussent pas jusqu'à leurs conséquences logiques inévitables les inductions qu'elles font surgir, qu'on voit encore tant d'hommes instruits dans telle ou telle spécialité faire opposition au régime républicain. C'est par la même raison qu'on en trouve tant qui soutiennent des doctrines sociologiques absolument en opposition avec celles qu'implique l'esprit moderne ou ayant encore leur source dans les préoccupations théologiques. Et pourtant les exemples de tous les jours sont là pour montrer que l'intervention de cet esprit jusque dans les questions d'éducation morale n'offre aucun danger lorsque, surtout l'intelligence y a été graduellement amenée par les préparations successives que donnent les divers degrés de l'enseignement.

Mais ce n'est que plus loin qu'il y aura lieu d'exa-

(1) Voyez sur ce sujet E. Littré, *Fragments de philosophie positive et de sociologie contemporaine*. Paris, 1876, in-8°, p. 131.

miner ce sujet. C'en est un autre, relatif à l'instruction proprement dite du plus grand nombre, sinon de tous, que ce chapitre doit envisager sommairement.

Nous avons déjà vu que l'enseignement serait plus efficace encore qu'il ne l'est, si, pendant sa durée, chaque notion scientifique était, quand elle s'y prête, reliée aussitôt à celles auxquelles dans une science plus élevée elle sert d'appui.

Des graines et des fruits se conservent longtemps sans germer ni s'altérer, comparativement à d'autres; ils peuvent par conséquent être gardés pour une consommation ultérieure dès l'instant où leur production dépasse la quantité voulue pour l'alimentation immédiate. Ils deviennent par là une des sources de nos conditions d'existence individuelle hors des périodes de l'année où a lieu la fructification.

Rien de plus frappant en ce qui touche l'importance sociale de ces produits que leur comparaison aux fruits pulpeux dont la conservation n'est pas possible et dont les qualités nutritives sont faibles à côté de celle des autres.

Même remarque pour nombre des produits empruntés à la terre, aux plantes et aux animaux destinés à être mis en œuvre pour servir à la fabrication des vêtements, à la construction des habitations et à tant d'autres conditions d'existence. Il n'y a rien de puéril à citer les exemples de cet ordre; il n'y a rien de plus instructif que de montrer comment ces assises de la prévoyance deviennent des conditions d'existence sociale. Seules, en effet, elles permettent la continuité des efforts matériels et intellectuels vers un but donné, continuité sans laquelle nul effort n'est efficace; continuité qui, encore une fois, exige que toutes les conditions voulues pour la nutrition et le maintien de la santé soient assurées d'avance, pendant toute la durée des efforts au moins.

Pourquoi ne pas faire saisir encore, dès la jeunesse, que le résultat social des épargnes dues à l'économie journalière est le même que le précédent? Là est le but à atteindre en les faisant; là aussi est l'indication de leur emploi au fur et à mesure qu'elles sont assurées plus complétement.

Dans l'ordre intellectuel, la conservation des notions acquises, au delà de la durée de la vie de ceux auxquels on les doit, est, au fond, de son côté un fait de même genre que les précédents.

Rien de plus important que d'amener à comprendre la différence qu'il y a entre la découverte de faits, s'accomplissant tous les jours, mais restés jusque-là inaperçus, et la simple assimilation de ceux qui sont immédiatement saisissables ou qui sont rendus tels pour nous par les hommes qui nous ont précédés.

Il y a loin entre le temps voulu pour une assimilation de cet ordre et la durée des labeurs exigés pour l'acquisition première de toute donnée. Chaque génération se trouve donc tout de suite en face d'un degré de plus que celle qui l'a précédée ; degré qui, rapidement monté, lui permet aussitôt de voir plus loin, de faire des efforts autres que ceux qui ont été déjà exécutés, et d'acquérir plus encore qu'il n'a été fait jusque-là.

Par ces notions devient saisissable, dès la première jeunesse, l'importance des moyens de conservation et de transmission des notions acquises. Par elles on fait comprendre l'importance de la création des signes, celle de la logique de leur enchaînement qui en fait des langues de telle ou telle espèce, suivant les formes de ces signes extérieurs ; puis enfin comment, à l'aide de cet enchaînement de telles et telles de ces formes du langage parlé, figuré ou écrit, on transforme la réalité en signes, qui, même loin de cette réalité, nous en donnent au moins une image.

De là à faire saisir la nature, la signification et sinon la valeur, au moins l'opportunité de l'apparition des représentations esthétiques les plus diverses, il n'y a qu'un pas.

Il devient au moins toujours possible de faire voir

comment la comparaison entre elles de chacune des acquisitions antécédentes ainsi assimilées, fait surgir toute une série de créations nouvelles qui dérivent des premières. De même la découverte de tout corps, simple ou composé, jusque-là inconnu, devient le point de départ de la formation de nombreux composés également nouveaux.

Il faut ici que l'enseignement supérieur fasse bien connaître encore une fois que ce qu'il y a de plus difficile, mais aussi de plus nécessaire pour nous en politique, comme dans les sciences, c'est le savoir qui mène à prévoir. Nous en avons bien plus besoin que de l'étude du passé, malgré que la connaissance de celui-ci soit indispensable à plus d'un titre. C'est même l'ignorance des méthodes à employer pour de la science tirer quelque prévoyance de l'avenir en politique, qui fait que tant d'hommes s'efforcent de nous ramener aux régimes éteints ou tombés. Sans parler du retour inévitable des catastrophes que ces régimes ont préparées, sans parler de la possibilité alors de notre disparition comme nation, dont ces tentatives seraient la source si elles réussissaient, il importe de spécifier qu'elles représentent autant de forces vives perdues, pendant qu'autour de nous les autres nations font le contraire, depuis ce qui touche à l'enseignement des éléments de l'industrie jusqu'à celui de l'enseignement de ce que la science a de plus élevé et de plus coûteux.

Plus nous allons dans le temps, plus nous tendons à l'unification sociale de l'humanité, même politiquement et cela dans le sens républicain. Les rois et les empereurs, les premiers, se font les instruments de cette évolution en faisant disparaître les petits royaumes pour chacun agrandir le sien ; or comme un seul, quelque fort qu'il soit, est toujours plus facile à renverser et à remplacer qu'il n'est possible de le faire pour plusieurs successivement, plus aussi par cette unification ils marchent à leur propre extinction et à leur remplacement par un pouvoir impersonnel. Ainsi en fait de régimes théologiques ceux qui ont le plus duré sont-ils les polythéiques, ces fictions multiples et mobiles étant moins faciles à ébranler que les dogmes absolus du monothéisme. Plus nous avançons par conséquent, plus aussi nous devons nous préoccuper de savoir si ce sont les civilisations gréco-latines ou celles du nord qui prendront le pas dans cette unification politique des races et si ce sont elles qui remplissent le mieux l'ensemble des conditions voulues pour cela, en satisfaisant le plus aux nécessités sociales, intellectuelles, esthétiques et matérielles.

Si la connaissance du passé nous a décelé les lois de l'évolution sociale, s'il est indispensable de la posséder pour prévoir l'avenir, elle ne doit pas être un but exclusif, surtout, comme l'indique Turgot, lorsqu'il s'agit de décider sur les mesures à prendre en face d'événements nouveaux. Elle ne devient même qu'un des moyens à employer pour atteindre le but que nous devons nous proposer, qui est d'arriver à prévoir les événements sociaux, de savoir ce qu'il faut faire dans ce qui n'a pas encore été fait pour améliorer le cours naturel de tel ou tel état social.

Savoir ce qu'il faut faire dans ce qui n'a pas encore été fait, tel est déjà le but vers lequel tend l'enseignement des sciences, envisagé au point de vue de son utilité sociale. Toujours l'on insiste sur les différences qu'il y a entre l'examen et la répétition de ce qui a été exécuté, comparativement à ce qui doit être accompli pour arriver à de nouvelles découvertes. Ici les difficultés vont croissant parce qu'il s'agit alors de vérifier la certitude d'inductions concernant des attributs et des mouvements qui n'ont pas été observés encore. Aussi comprend-on que ceux-là seuls qui ont été préparés par des enseignements de l'ordre des questions même qu'ils auront à résoudre puissent s'associer, dans l'ordre administratif, aux efforts à faire et avoir aux succès de ce labeur la persuasion qui amoindrit la peine.

J'aurai à revenir sur l'importance que ces données peuvent avoir pour faire disparaître l'incohérence dans les vues, et dans les mesures à prendre, que l'on rencontre à chaque pas, alors que l'entente et l'accord sont nécessaires jusque dans les moindres choses pour qu'il y ait progrès.

J'ajoute seulement que, dans cet ordre d'idées, une des applications les plus importantes de l'enseignement supérieur doit être l'exposé des exemples qui prouvent jusqu'à quel point, pour chaque cas particulier, les mouvements sociaux donnent raison et avantage à ceux qui mettent les principes au-dessus des intérêts. Chaque principe, en effet, est une formule des intérêts généraux, et toujours la satisfaction de ceux-ci entraîne, pour quiconque vient participer à leur affermissement, des avantages plus grands et surtout plus permanents que ceux obtenus par celui qui défend avant tout son seul intérêt personnel.

Il n'importe pas moins de montrer à quel point est dissolvant dans l'ordre politique l'esprit de particularisme, qui conduit à placer avant tout aussi, l'intérêt matériel des individus et des villes au détriment des intérêts plus généraux relatifs à l'élévation et à la diffusion du savoir.

A un autre point de vue, qu'il s'agisse de notions historiques concernant les acquisitions sociales concrètes ou abstraites, qu'il s'agisse au contraire de phénomènes se passant présentement sous nos yeux, nos facultés les élaborent et les envisagent, comme nous l'avons fait chaque fois que dans l'enfance un objet nouveau nous a été présenté et que nous en avons retenu l'image et le nom.

Tout progrès social devient de la sorte un véritable milieu nouveau, source d'un progrès nouveau. L'histoire prouve la réalité de ce fait, aussi bien pour ce qui concerne les inventions proprement dites de tout genre, que pour ce qui regarde le langage, l'écriture, le dessin, les notions de temps, etc. Dans l'ordre intellectuel comme dans l'ordre matériel, chaque acquisition peut être analysée, comparée et reliée aux autres, comme, chacun individuellement, nous avons observé, comparé et coordonné les faits qui nous ont frappés successivement. C'est par là encore une fois que nous arrivons à des conceptions nouvelles s'ajoutant socialement à celles qui sont déjà acquises, pour déterminer les progrès de la science, de la société et des régimes politiques.

L'évolution sociale devient ainsi le type des phénomènes qui montrent comment a lieu le développement, lequel accroît les choses par une rénovation moléculaire continue en laissant des marques persistantes de son effectuation, sans destruction de l'équilibre du système. Elle montre comment l'évolution (la plus longue à nous connue) n'est pas une transformation, mais un accroissement continu en substance et en qualités ou forces corrélatives; qu'elle diffère de la transsubstantiation chimique, dans laquelle il y a passage *de specie in speciem* par substitution d'éléments à d'autres, avec changement du mode d'équilibre dans le tout spécifique; transsubstantiation qui n'a pas lieu non plus dans l'évolution individuelle; car celle-ci, par une rénovation sans destruction, se développe en plus, puis en moins sous des formes, soit morbides, soit séniles, jusqu'à cessation de l'équilibre organique, sans qu'à celui-ci s'en substitue un autre de même ordre.

Toute circonstance nouvelle dans le milieu devient donc la condition de l'accomplissement d'actes sociaux nouveaux, comme tout changement dans l'intimité de la substance des organismes devient la source d'actes intellectuels et autres qui ne s'étaient pas encore montrés, et cela sans qu'ils cessent de rester de même ordre fondamental. C'est en raison de ce fait qu'il importe tant de constituer le plus grand nombre possible de centres, de milieux d'un ordre intellectuel donné, scientifique, esthétique, agricole, etc.; car c'est par là que l'on amène un plus grand nombre aussi d'individus à être capables, soit de comprendre la nature des choses acquises, soit de produire eux-mêmes. C'est la multiplicité de ces centres d'acquisition et de production qui par la raison précédente fait la force de l'Allemagne, de l'Angleterre, des États du Nord de l'Europe et des États-Unis comparativement à la France trop centralisatrice en fait d'administration et d'enseignement.

La marche habituelle de tout progrès est tellement celle qui a été signalée plus haut, que les hommes civilisés, jetés par un naufrage au milieu des populations sauvages ou arrêtées aux premières phases de la civilisation, ne se maintiennent pas, durant leur séjour en ces conditions accidentelles, au degré auquel ils étaient arrivés.

L'observation de ceux qui ont été retrouvés dans ces conditions après y être restés 10 et 20 ans, montre qu'ils ont perdu graduellement les termes et les formes du langage, les habitudes hygiéniques et alimentaires. Les mœurs et les autres modes du caractère moral disparaissent au fur et à mesure que les instruments, les vêtements et autres produits de la civilisation la plus avancée sont usés, perdus ou détruits. Tous ces côtés de l'existence sociale européenne se trouvent remplacés graduellement par ceux qui leur correspondent dans la peuplade où a été jeté le naufragé. Il descend ainsi au niveau des hommes avec lesquels il est forcé de rester uni pour satisfaire aux nécessités de la vie de chaque jour par la pêche, la chasse, la recherche des fruits, des racines alimentaires, la fabrication des instruments, des vêtements. Il en est ainsi alors même que la supériorité de ses conceptions le fait choisir pour chef. Les observations récentes faites sur Pelissier et autres montrent, d'autre part, que le retour à l'état civilisé après le rapatriement se fait par le souvenir des mots à la vue des objets correspondants, souvenirs que suit rapidement celui du mode d'emploi de chaque instrument, vêtement, etc.

Ces modifications de l'individu, suivant le milieu cosmologique et le milieu social dans lequel il se trouve placé, si faciles à faire comprendre par nombre d'exemples saisissants, mériteraient certainement d'être étudiées plus avant encore.

L'Amérique, l'Australie, l'Inde, l'Algérie, etc., nous montrent en effet comment les civilisations qui s'établissent au milieu de populations sauvages, ou du moins arrivées à un degré social encore peu avancé, moulent plus ou moins leurs mœurs sur celles des races qu'elles remplacent. Elles diminuent de moralité, de délicatesse fiduciaire et pécuniaire, d'élévation dans les productions esthétiques et scientifiques, etc. Mais, du reste, le tout ne se fait qu'en raison d'une plus grande activité au profit des productions agricoles, industrielles et commerciales, exigeant en quelque sorte que tout soit poussé en avant, sans préoccupation des retards qu'entraînent en ces questions les considérations d'ordre plus élevé. Cette absorption de tous les efforts par les nécessités matérielles, n'est du reste généralement que temporaire. Bientôt l'activité scientifique reprend le dessus sous telle ou telle de ses formes, sinon au point de vue abstrait, au moins quant à ses applications. Représentant la vérification expérimentale de données théoriques, ces applications constituent même parfois de vraies découvertes, en présence de la résistance de la part de ceux qui ne savent pas, à suivre les prévisions du savoir. C'est ce dont le service des prévisions météorologiques par la transmission télégraphique des observations offre, aux États-Unis, un exemple des plus remarquables.

Pour revenir au sujet même de ce paragraphe, rappelons encore les notions suivantes :

Il n'existe aucune sorte d'aliénation mentale qui ne soit accompagnée d'immoralité; ces manifestations diffèrent de forme d'un cas à l'autre, mais sont constantes. On sait en d'autres termes que toutes les formes de la folie s'accompagnent de certains degrés d'immoralité. Comme il n'y a pas d'aliénation mentale dans laquelle on ne découvre une lésion encéphalique correspondante (au moins circulatoire et alors temporaire), il est évident qu'on ne saurait avoir réellement, autrement que d'une manière empirique, une entente profonde de la nature humaine, sans connaissances physiologiques et même médicales. Pour abréger, je prends ici les choses par leur extrême pathologique, parce que, ce qui là est vrai pour l'état morbide, l'est à plus forte raison pour l'état normal, dont le premier est une dérivation. En d'autres termes, la morale a ses fondements creusés dans la physiologie.

S'il en est ainsi pour les facultés de l'ordre le plus élevé, à plus forte raison cela s'applique au même titre à l'instruction; celle-ci ne saurait en effet être donnée là où il n'y a pas de facultés intellectuelles; la corrélation des états cérébraux avec les divers degrés de leur débilité ou de leur absence est trop évidente pour les médecins chez les imbéciles, les idiots et les crétins, pour qu'il y ait lieu d'insister. Or, on ne le sait que trop, ce nombre n'est à négliger dans aucune notion. L'étude de l'évolution du système nerveux et de ses actes conduit trop avant les physiologistes dans la connaissance des facultés intellectuelles pour que l'on puisse dire que l'esprit scientifique détourne des conceptions nécessaires à la direction du monde spirituel.

Les physiologistes n'ont aucune prétention à l'infaillibilité de principes absolus.

Ils savent même que la continuité des actes cérébraux est si instable, si réduite, qu'en dehors des faits qui concernent chacun individuellement, ou qu'en dehors de ce que nous fixons par l'écriture, nous oublions nos observations et nos conceptions après un nombre d'années ou de mois qui ne dépasse guère celui qui indique l'époque jusqu'à laquelle s'étendent nos prévisions. Mais par les progrès de la science ils sont autorisés à dire ce que celle-ci montre devoir et pouvoir être fait pour rétablir le manque d'harmonie qui règne si manifestement dans l'éducation générale.

Les questions traitées sous la désignation de *questions psychologiques* par les métaphysiciens ne sont, en effet, autres elles-mêmes que les manifestations intellectuelles et morales d'un peuple, en un temps et un lieu donnés; peuple arrivé à tel ou tel degré d'organisation sociale; manifestations mises au jour par celui qui a su les observer, les saisir et les formuler. C'est de la physiologie cérébrale sociologique, collective et non plus individuelle, qui est devenue le mobile des actions de celui qui a su la coordonner. Pour être réellement scientifique et logique, cette physiologie implique donc nécessairement la connaissance de la physiologie cérébrale individuelle, qui elle-même n'existe pas sans la connaissance des autres usages du système nerveux, ni sans connaissance de la contractilité, de la circulation, etc.

Il faut même qu'on sache que l'encéphale, le plus lourd des organes après le foie, est, proportionnellement à son poids, aussi souvent organiquement affecté que le poumon ou tout autre viscère. Les perturbations fonctionnelles qui en résultent ont seulement des conséquences bien plus graves en raison de la réaction exercée par chaque individu sur ceux qui, avec lui, font partie de tel ou tel milieu social. Mais en raison de la manière dont la très-grande majorité des individus est amenée par son éducation à considérer comme venant d'autre part tout ce qui émane de l'activité cérébrale, les conséquences de ce fait restent généralement méconnues, et le fait lui-même est souvent nié.

Il est curieux aussi de voir à quels efforts cette éducation conduit nombre d'hommes intelligents, pour chercher à résoudre tous ces problèmes et autres d'ordre organique, sans toucher aux conditions réelles d'accomplissement des phénomènes qui les soulèvent; c'est-à-dire sans connaître la substance dont ces phénomènes ne font que manifester l'activité propre. Il semble qu'ils veuillent donner la solution de ces questions en évitant de toucher à tout ce qui, en elles, est d'ordre moléculaire, naît, croît et se développe. La métaphysique arrive ici à traiter de la pensée sans tenir compte de l'encéphale, comme à l'époque où il n'était pas possible de faire autrement; où par conséquent les manifestations sociales de celle-ci étaient seules saisissables. On la voit même mettre la dualité où n'existe que l'unité lorsqu'elle fait de la pensée une simple manifestation d'un principe extrinsèque, le principe intelligent.

C'est se replacer volontairement au-dessous des connaissances acquises déjà du temps de Leibnitz; car déjà ce philosophe disait qu'il croyait *que les pensées les plus abstraites sont représentées par quelques traces dans le cerveau* (1). De son temps du reste le plus grand nombre admettait que l'âme

(1) On lit encore souvent dans des écrits fort autorisés que Cabanis aurait dit que *le cerveau sécrète la pensée*. Or jamais Cabanis n'a produit l'énormité dont on le charge. La physiologie du système nerveux était de son temps assez avancée déjà et surtout trop bien connue de lui, qui avait lu aussi Lavoisier, pour qu'il put commettre cette confusion. Voici ce qu'il a dit : « Pour se faire une idée juste des opérations dont résulte la pensée, il faut considérer le cerveau comme un organe particulier, destiné spécialement à la produire, de même que l'estomac et les intestins à opérer la digestion, le foie à filtrer la bile,... Les impressions en arrivant au cerveau le font entrer en action, comme les aliments en tombant dans l'estomac l'excitent à la sécrétion plus abondante du suc gastrique et aux mouvements qui favorisent leur propre dissolution. La *fonction propre* de l'un est de percevoir chaque impression particulière, d'y attacher des signes, de combiner les différentes impressions, de les comparer entr'elles, d'en tirer des jugements et des déterminations, comme la fonction de l'autre est d'agir sur les substances nutritives dont la présence le stimule... » (Cabanis, *Rapports du physique et du morale*, 3e édition, par D.-T. Paris, 1815, t. I, 2e mémoire, § VII, page 127.)

a tant besoin des sens qu'il serait impossible de faire aucune sorte de raisonnement à qui viendrait au monde privé de tous les sens.

Il est manifeste que c'est là vouloir interpréter tout dans la source des pensées, sans tenir compte, hors ce qui touche les perceptions sensorielles : 1° de l'activité propre du cerveau ; 2° de tous les ordres des pensées suscitées par les impressions perçues, sensitivement ou non, dérivant de tel ou tel état des viscères cardiaque, pulmonaire, digestifs, reproducteurs, etc., que transmet le grand sympathique. C'est, en d'autres termes, éliminer de la question, l'examen de tout ce qui nous exprime qu'il y a dans la pensée quelque chose qui ne vient pas des sens, tout en restant absolument subordonné à certains états organiques. Or, aujourd'hui l'évidence de cette subordination de la pensée aux états de l'encéphale d'une part, à ceux de toutes les parties de l'économie pourvues de nerfs, d'autre part, égale celle de ce fait, que c'est *par les sens que nous découvrons les choses du dehors.*

CHAPITRE XI

SUR LES APPLICATIONS GÉNÉRALES DE L'ENSEIGNEMENT A LA VIE PUBLIQUE.

Nulle part notre enseignement de tous les jours ne signale à quoi, au delà de ce qui peut être voulu par les épreuves probatoires, devront nous servir toutes les choses apprises.

Pourquoi pourtant ne pas montrer comment c'est de telle ou telle des données de l'instruction journalière, que surgit le plus souvent, chemin faisant, l'idée de choisir telle ou telle profession?

Devant la nécessité pour chacun de porter un jugement politique dès l'âge de vingt et un ans, ceux-là seuls qui reculent devant le développement de l'instruction doivent se plaindre des hommes que leur ignorance rend redoutables pour les sociétés.

Nul n'a le droit, et dans le présent moins que jamais, de se départir de toute préoccupation des affaires publiques. Nul, par conséquent, n'est autorisé à négliger d'acquérir et de répandre les notions voulues pour faire saisir ce que sont les conditions d'existence des sociétés; comment elles se lient à ce qui constitue la véritable nature de l'activité humaine. Se vanter de ne rien connaître de ces questions, dire avec dédain que ce sont choses qui ne les regardent point, trouver ennuyeux ou ridicule de remplir les devoirs électoraux politiques, considérer comme de pure ambition et comme un abaissement peu digne de considération l'acceptation des fonctions sociales dues à l'élection, récriminer contre ceux qui s'en chargent : telle est pourtant la succession de contradictions dont nous donnent l'exemple ceux, en si grand nombre encore, qui se plaignent incessamment de ce que la vie publique, par ses nécessités inévitables, dérange leur quiétude que favorise tant cette ignorance de toutes choses; ignorance qu'aime à entretenir le césarisme qui l'exploite autant que le cléricalisme et les monarchies à qui elle ne déplaît pas.

Il n'est même pas rare de voir encore les plus instruits très-portés à donner leur mépris à tout ce qui en ces questions entraîne des luttes intellectuelles et de tendance politique, ou à ce qui n'offre pas un résultat utilitaire immédiat; comme si en ces questions où la voie la plus sûre à suivre est si difficile à discerner, donner le mépris n'était pas accorder ce qu'il y a de plus facile à rendre ; comme si le mépris envers les élus politiques n'impliquait pas le même sentiment envers les électeurs, qui pourtant ne sauraient tous se tromper.

Il est vrai que pour beaucoup de ceux qui agissent ainsi les électeurs sont matière digne de petite considération. Mais à ceux-là M. L. de Lavergne s'est chargé de répondre :

« A l'opinion souvent exprimée, dit-il, que le suffrage universel donne la majorité aux ouvriers, j'ai répondu que la majorité appartenait aux propriétaires, grands et petits. On est, en effet, d'accord pour évaluer le nombre des propriétaires fonciers entre cinq et six millions, et il faut y ajouter tous ceux, si nombreux aujourd'hui, qui, n'ayant pas de propriétés immobilières, possèdent des biens meubles, tels que rentes sur l'État, actions, obligations, etc. Les ouvriers proprement dits, soit industriels, soit agricoles, c'est-à-dire ceux qui vivent uniquement de salaires, ne forment que le quart de la population totale.

» J'aurais voulu faire remarquer combien ce grand nombre de propriétaires, qui va s'accroissant tous les jours, donnait de garanties contre le socialisme. La forme dominante du socialisme est la négation de la propriété. Or, qui ne sait que les plus petits propriétaires et les petits capitalistes ne sont pas ceux qui tiennent le moins à ce qu'ils possèdent ?

» Certes, je n'ai pas désiré l'avénement du suffrage universel ; je l'ai vu, au contraire, arriver avec inquiétude. Mais, depuis vingt-cinq ans qu'il fonctionne, j'ai appris à le moins redouter. J'ai été surtout frappé de cette coïncidence que, du moment où il a été institué, le socialisme a commencé à décliner. C'est sous l'empire du suffrage restreint que les utopies socialistes se sont développées et ont pris de grandes proportions. On se rappelle le débordement de systèmes qui a précédé la révolution de 1848. Ces systèmes ont aujourd'hui en partie disparu. On ne parle plus du saint-simonisme, du fouriérisme et de leurs dérivés. La commune leur a succédé sans leur ressembler.

» La commune a été une sédition de malfaiteurs, favorisée par un concours de circonstances inouïes ; elle a procédé par le meurtre et l'incendie, mais sans avoir la prétention d'inaugurer un nouveau principe social. Même dans ces élections que nous voyons se multiplier depuis trois ans, nous entendons beaucoup parler de dissentiments sur les formes politiques, fort peu de questions sociales.

» Je ne puis m'empêcher d'attribuer au suffrage universel une action quelconque sur ce changement. On comprend qu'en effet les faiseurs de systèmes subversifs se fassent une arme du suffrage restreint pour séduire les ignorants. Si l'on ne met pas nos théories en pratique, peuvent-ils dire, c'est que le pouvoir est entre les mains d'une minorité intéressée à les étouffer. Ce langage perd beaucoup de sa force apparente avec le suffrage universel. Depuis que tout le monde vote, pourquoi les bases de la société n'ont-elles pas changé? Les classes les plus nombreuses sont devenues les plus puissantes; pourquoi n'ont-elles rien fait? C'est qu'apparemment il n'y a rien à faire. Le socialisme est mis au pied du mur: dès qu'on le serre de près, il s'évanouit.

» Il est vrai que, dans la discussion de l'autre jour, on a envisagé le socialisme à un point de vue spécial. On y a vu surtout la tendance à accroître les attributions de l'État en matière économique, comme en toute autre. Ici, je le reconnais, le suffrage universel présente un grand danger. L'expérience nous apprend qu'il est prompt à douter de lui-même et que, dans l'embarras où le jette le choc des opinions contradictoires, il se montre facilement disposé à chercher un maître qui lui épargne la peine de se conduire. Mais ceci n'est pas une question sociale, c'est une question politique.... (1). »

Versailles, 25 octobre 1871.

(1) L. de Lavergne. Lettre dans l'*Économiste*.

Il n'y a donc rien de puéril à constater et à suivre les conséquences des événements sociaux, depuis ceux qui se passent dans la moindre commune jusqu'à ceux qui ébranlent les États.

Les guides pour l'enseignement de ce complément nécessaire de l'histoire existent dans plusieurs Traités et le programme serait facile à remplir (1).

Le scepticisme dont je viens de parler est une des conséquences inévitables de la manière dont l'enseignement est dirigé chez nous et surtout des lacunes qu'il présente. Il est tellement répandu dans les classes les plus instruites et surtout dans celles qui remplissent nos administrations, qu'il constitue un véritable danger pour l'ordre, autant que pour le progrès de notre pays. Ce scepticisme est d'autant plus répréhensible, les dangers qu'il entraine sont d'autant plus grands qu'ils viennent d'hommes ayant plus de notoriété scientifique, littéraire, artistique, administrative, etc., qu'ils viennent de ceux que la jeunesse et les classes les moins éclairées sont portées à croire sur parole plus que d'autres.

(1) Je trouve ce programme tracé et rempli assez bien pour permettre de combler immédiatement cette lacune de notre enseignement dans deux ouvrages de M. E. Chevrier : 1° *Éléments de la science politique*, Bourg-en-Bresse et Mâcon, 1871, in-8°, 380 pages; 2° *Histoire des partis politiques en France et du parti républicain en particulier*, Bourg-en-Bresse et Mâcon, 1873, in-8°, 330 pages.

Cette indifférence en matière politique et sociale peut être réelle et due au manque du temps et des réflexions voulus pour bien saisir la nature de ces questions. Ici le mal est réparable et il est facile de distinguer ceux qui sont réellement dans ces contions de ceux qui simulent ce scepticisme par spéculation et habileté, pour rester en place en trompant sur leurs véritables sentiments. Se tenir de manière à ce qu'on ne sache pas de quelle opinion l'on est, de peur de se compromettre, est pardonnable devant certaines nécessités professionnelles et commerciales; mais hors de là il ne saurait jamais dans l'âge mur être considéré comme signe d'un esprit éclairé par les enseignements jusque ici reçus. Ce scepticisme en matière sociale indique en tout cas une médiocre instruction dans l'ordre des méthodes scientifiques, qui conduisent à incorporer logiquement, en un tout, les phénomènes évolutifs des sociétés d'après l'examen de leurs conditions d'accomplissement; méthodes qui conduisent aussi à montrer que les phénomènes actuels ne sont en aucun cas une simple répétition de phénomènes anciens, se prêtant en quoi que ce soit à un retour vers leurs antécédents.

Avec l'absence de ces indispensables connaissances marche l'absence de convictions; le manque de conviction entraîne le manque de conception des choses à exécuter et l'absence de décision dans l'exécution.

Une autre conséquence des lacunes que présente notre enseignement supérieur est de même ordre que la précédente. Il s'agit de celle qui mène des hommes, souvent parmi les plus instruits dans telle ou telle branche spéciale des lettres ou des sciences, à vouloir échapper à toute doctrine philosophique en disant qu'il ne faut personnellement se rattacher à aucune; qu'on doit garder son indépendance intellectuelle à cet égard; que faire autrement c'est risquer d'adopter des vues que l'on serait obligé d'abandonner plus tard; ou encore que c'est se défaire volontairement d'une partie de sa liberté. Il y a là une méprise. Quand elle est sincère, celui qui la commet ne voit pas assez que toute doctrine est une synthèse héritant de tout le savoir humain, dans le temps et dans l'espace, si elle est positive; que si elle est fausse elle n'est qu'une préconception personnelle, sur laquelle tout esprit risque de retomber en la refaisant pour son compte. C'est par suite se faire illusion que de croire qu'on pourra soi-même faire une synthèse supérieure aux anciennes sans tenir compte des antécédentes, et cela dès qu'on verra la nécessité d'en avoir une pour guide. Mais souvent aussi on voit que cette méprise, que cette tendance à ne vouloir se soumettre à aucune doctrine est un désir de se donner une supériorité sur les autres. Dès lors ceux qui en sont là se mettent involontairement à la suite des métaphysiciens de la classe des sophistes. Ils le font par la souplesse des arguties qu'ils sont obligés d'employer pour se tirer des difficultés intellectuelles qui les oppressent à mesure que le savoir du passé s'accumule; savoir qui, pour chaque homme individuellement l'emporte sur celui du présent et de l'avenir; savoir qui chaque jour nous force à donner la part la plus grande aux notions du non-moi ou de l'ensemble du cours naturel des choses, comparativement à ce que peut fournir chaque intelligence isolément en cherchant soit à saisir cet ensemble, soit à le dépasser.

Il est certain qu'en cherchant à se pénétrer d'une doctrine reliant le mieux l'ensemble des convictions données par la science, on risque souvent encore de se compromettre, au moins pour un temps, et par des raisons faciles à comprendre qui sont indiquées plus loin; mais il s'agit ici avant tout d'une question de devoir.

Ce sont des doctrines métaphysiques redoutables que celles qui nous font croire que les questions sociales et politiques se résolvent par un système préconçu. Nous devons, au contraire, à leur égard continuer à faire ce que nous avons fait depuis l'enfance; ce n'est pas d'après tel ou tel système que nous avons agi; c'est d'après les données de la science inductive, lors de l'acquisition de notions nettes sur chaque objet, par les observations et les expériences de tous les jours, nous conduisant à changer en action et en paroles les premières conséquences des observations et des expériences.

Ces lacunes dans l'éducation sociale ne pourront jamais être entièrement comblées, mais il importe d'en réduire autant que possible l'étendue. Elles comptent, en effet, parmi les causes qui tendent le plus au développement de l'esprit de parti; parmi celles aussi qui le conduisent habituellement à exposer d'une manière notoirement inexacte, les faits les plus évidents, sans que la connaissance de la nature des choses vienne ici inspirer le respect de la réalité. Il n'est même pas besoin que survienne soit un trouble, soit un simple mouvement social normal, local ou général, pour que se montrent ces manières de faire de l'esprit de parti.

C'est ainsi que parmi les calomnies que se plaisent le plus à propager les partis monarchistes compte celle qui consiste à dire que ce sont les 45 républicains de la Chambre des députés de 1867 qui ont empêché cette assemblée de voter la loi de réorganisation de l'armée par le service militaire obligatoire : que ce sont eux qui par là, malgré leur petit nombre, ont amené nos désastres, et nullement l'incurie administrative supérieure qui a laissé vides nos arsenaux et méconnu la nécessité des modifications de l'armement. Or sans citer ce qui n'a pas été détruit des documents existant sur ce point, il n'est pas inutile de rappeler ici l'opinion impartiale d'un juge, mieux renseigné que qui que ce soit, sur l'influence que les classes dirigeantes ont eue dans les décisions prises alors.

« Une chose qui me rend furieux, dit Mérimée, c'est la façon dont on reçoit le projet (du maréchal Niel). Tous les jeunes gens bien nés meurent de peur d'être dans le cas de se battre pour la Patrie à un moment donné, et disent qu'il faut laisser ces vulgaires manières aux Prussiens. Imaginez un peu ce qui restera à la nation française si elle vient à perdre son courage militaire (1) !... »

Du reste, comment ne pas voir qu'une chambre de 500 membres, se laissant mener par les 45 d'entre eux qu'elle considérait comme des révolutionnaires dangereux, n'aurait pu qu'indiquer, par ce fait, l'usure complète du régime qu'elle soutenait tête baissée ?

Et qu'on le remarque bien, au point de vue de la prééminence effective de l'esprit politique sur les sentiments religieux de notre temps, ces sentiments

(1) P. Mérimée, *Lettres à une inconnue*. Lettre de 1867.

ne préservent des manières de faire indiquées plus haut ni les laïques, ni les ministres de la religion. Le côté humain de notre nature l'emporte toujours alors sur le côté divin que l'Église est chargée de lui inculquer. Rien ne serait plus facile que d'en citer des exemples, que chacun du reste possède déjà.

S'agit-il d'autre part de la philosophie positive : sans la connaître, les magistrats la disent dangereuse, les théologiens répulsive, et les métaphysiciens s'efforcent de faire croire que le *positivisme aboutit aux mêmes conclusions que l'esprit théologique, c'est-à-dire aux conclusions de ceux qu'elle accuse d'avoir été dans le passé les ennemis décidés de la science et de ses progrès* (1). Ici, disons d'abord qu'il faut n'avoir jamais lu l'appréciation d'Auguste Comte sur l'influence sociale du catholicisme pour écrire de telles assertions. Il faut n'avoir jamais lu non plus ce philosophe, pour avancer que sa doctrine écarte et interdit, comme non scientifique, l'étude de *la question de l'origine du genre humain*. Il faut ne l'avoir jamais lu, car son texte porte *qu'on doit renoncer à toute enquête insoluble sur la cause première de la génération qui, par sa nature, échappe à tout contrôle positif, soit*

(1) Voyez L. Carrau, *le Transformisme et l'Homme primitif*. (*Revue politique et littéraire*. Paris, 1876, p. 43.)

direct soit indirect, mais qu'il faut déterminer les lois de cette génération, dont l'étude à peine ébauchée comporte de si utiles résultats (1).

Notez qu'A. Comte n'a jamais parlé de l'origine de l'homme, de l'homme primitif, et qu'il traite ici de la génération et du développement de tout être organisé quel qu'il soit, végétal et animal, l'homme y compris comme tout autre. Quant au problème des *origines de l'humanité même*, on peut voir dans ses 50e et 51e leçons, etc., ce que valent les dires des métaphysiciens qui pensent que la théorie du transformisme est conciliable avec le dogme d'un Dieu personnel, créateur et providence, mais qui donnent la philosophie positive comme s'opposant à l'étude de cette question, en tant qu'inaccessible à la raison de l'homme.

Le positivisme, du reste, n'a jamais interdit l'étude d'aucun problème; il n'a pas dit qu'il y eût quoi que ce soit dont la raison humaine ne pût s'occuper. Il constate seulement que la cause première de la genèse d'un être vivant quelconque est une enquête insoluble, aussi bien que celle d'une étoile ou d'un corps simple; car, n'étant pas à l'origine des choses, tout contrôle positif tant direct qu'indirect demeure impossible pour lui.

(1) A. Comte, *Philosophie positive*. 2e édit., t. III, p. 388 et 475, et 4e édition.

Auguste Comte écrit plusieurs pages pour montrer qu'une des conditions du développement de la science, est la liberté de poser des questions, de faire des hypothèses en d'autres termes, et d'en poursuivre la solution à ses risques et périls. Dire qu'il a soutenu le contraire est de pure illusion. Mais il a montré qu'il existe des règles dérivées de l'expérience et de l'induction, qui indiquent parmi les hypothèses celles qui, étant invérifiables, ne sont pas scientifiques. Pour qui sait ce qu'est la science, ce qu'est le savoir qui conduit à prévoir, ce n'est point là poser des barrières autour de la pensée humaine, ni lui dire : tu n'iras pas plus loin.

Ce ne sont donc pas les hypothèses que repousse le positivisme. Mais il repousse ce qui est dangereusement trompeur pour les individus et pour la nation, quand on veut nous imposer de prendre pour appui de nos actions personnelles et gouvernementales les hypothèses qui ne portent rien de démontrable en elles ; ou qui même, depuis longtemps, sont connues pour n'être que des illusions trompeuses. Cette distinction est capitale, parce qu'avec les grands poëtes le positivisme laisse les fictions à la poésie pour tous les cas où elle en a besoin, comme lorsqu'elle fait parler les morts aux vivants ou lorsque la vue d'un oiseau traversant l'espace lui fait rêver des hommes qui auraient des ailes pour franchir les obstacles de la surface terrestre et les espaces célestes. Nulle part on ne trouvera laissée aux fictions esthétiques par une doctrine quelconque, depuis le polythéisme, une place plus large que par le positivisme.

Le positivisme s'appuie trop aussi sur la psychologie physiologique, il sait trop bien comment les conceptions subjectives réagissent sur nos fonctions de relation pour nier que les fictions ne puissent conduire à des actions dominatrices et conquérantes par leur influence sur les masses; mais cette influence s'use après peu de générations et appelle bientôt un autre idéal.

On peut voir dans A. Comte que cette doctrine n'a jamais mis en doute l'influence que les fictions théologiques païennes, catholiques et même musulmanes ont eue sur les conceptions esthétiques architecturales, sculpturales, musicales, etc. Mais est-ce bien là le but essentiel que poursuivent ceux qui maudissent qui n'y croit pas?

Consultez du reste ceux qui se rendent dans les églises pour y entendre la musique, qui de profane devient religieuse lorsqu'elle y est interprétée par les artistes de l'Opéra, ils vous diront si vous ne l'avez déjà éprouvé vous-même : qu'à part la supérieure appropriation du vaisseau pour l'audition musicale, les sentiments généreux, les émotions suscités alors ne sont pas autres ici que ceux qui dérivent des mêmes mélodies entendues au Conservatoire de musique. Oui, on peut faire de grandes choses en s'appuyant sur des fictions seulement. Celles sur lesquelles se sont appuyées les évolutions des civilisations de l'Inde, de la Chine, du Japon, de Babylone, de l'Égypte, de la Grèce et de Rome sont là pour le prouver. Mais alors leurs effets ne sont pas durables et les unes viennent se substituer aux autres. Et elles ne sont pas durables par cela même qu'elles ne s'appuient pas sur la connaissance des réalités cosmologiques et surtout organiques. Puis, de par ce dernier fait principalement, à côté des choses grandes et belles qu'elles conduisent à instituer, toutes les fictions théologiques en font faire autant qui sont monstrueuses de cruauté et de malfaisance destructive. C'est ce que prouve la longue traînée de sang et de monuments détruits que tirent derrière elles toutes les religions, même la nôtre jusqu'au XVIIIe siècle, à quelque degré, que ce soit qu'elles se disent être de paix et de charité.

La philosophie positive ne défend non plus à personne individuellement de se poser des questions sur l'essence, l'origine et la cause première de tout, et encore moins de tenter de les résoudre. Elle sait même dans quelle branche des arts sociologiques va se classer cet ordre d'élucubrations; c'est dans cette forme des inventions poétiques qui supposent l'existence, démontrable ou non, de génies, de fées, d'esprits bienfaisants ou malfaisants, intervenant en nos actions. Seulement, ce n'est plus comme ici de la *gaie science*, pas plus que de la vraie science.

On voit aussi ce qu'il faut penser de ceux qui parlent du positivisme comme s'associant à la théologie pour élever des barrières autour de l'esprit humain, quand on entend A. Comte dire que : *nulle question ne doit être posée sans mener à une conclusion correspondante; notre esprit ne pouvant se fixer sur un problème sans solution, ce dernier demeure inutile s'il n'est que posé sans être résolu, ne fût-ce qu'à l'aide d'une hypothèse provisoire.*

A ce point de vue, cela revient à dire que la science se constitue par les suggestions constantes de l'inspiration, de l'imagination, quand la raison conduit à les confirmer par une succession d'expériences, justifiant leur validité par dures épreuves et contre-épreuves.

Dire que *l'observation et l'expérience fournissent les bases premières de la science humaine*, n'est du reste, pas être dans le vrai.

L'observation, oui! Mais après elle vient le raisonnement, qui commence par une hypothèse interprétative, synthétique d'abord, puis analytique, et conduisant à faire des expériences ou contre-épreuves vérificatrices, dont les résultats comparés conduisent à généraliser et à coordonner (1).

Ainsi que le rappelle M. le Dr E. Bourdet, « la philosophie positive procède de l'observation et de l'expérience, et tout en tenant compte des hypothèses et des prétendues révélations qui guidèrent les hommes avant qu'ils pussent se fier à la science et se diriger d'après ses principes, elle s'en tient strictement aux lois constatées, dont l'origine est dans les phénomènes observables. C'est seulement devant les causes premières et dernières qu'elle s'arrête; elle renonce systématiquement à s'en occuper, parce que ces causes, refoulées toutes deux dans l'infini, sont inabordables, ne donnent prise à aucun moyen d'investigation, et resteront à jamais aussi inconnues qu'incognoscibles.

» Cela ne veut pas dire que l'absolu et l'infini, dans lesquels les causes premières et dernières vont se perdre, n'existe pas : nous ne méconnaissons pas ce besoin de rencontrer une solution à ces questions suprêmes du commencement et de la fin des choses; mais l'homme se livre enfin à des rêves qui flattent ses sens comme à des espérances qui trom-

(1) Voyez E. Littré, *Fragments de philosophie positive*, etc. Paris, 1876, p. 91 à 139.

pent un instant ses douleurs. Il n'a pour voyager sur cette mer sans rivages « ni barque, ni voile », et s'il n'a pas assez de ce doute non sans charmes dans lequel le sage et le poëte s'enveloppent, avant de se livrer à « cet océan de l'infini », ce n'est pas à la philosophie positive qu'il doit demander une impossible démonstration : c'est à lui-même, aux religions du passé, à la révélation religieuse qu'il doit s'adresser; alors son égoïsme vivra par l'espérance d'un paradis, et il laissera ce monde aller « comme il peut » entre une Providence arbitraire et une fatalité inexorable.

» L'homme n'a point systématisé ses connaissances avant d'avoir parcouru les diverses phases de la vie instinctive, sentimentale et intellectuelle. Depuis les premiers besoins d'alimentation et de reproduction jusqu'aux plus hardies conceptions de son esprit sur le monde et sur lui-même, l'homme ne retrouve rien de plus que la notion de ces diverses phases de son évolution; il ne voit que les efforts de sa race à travers les résistances de la nature pour élever incessamment l'individu privé et collectif sur l'échelle du progrès, lequel n'a été annoncé par aucune révélation et n'est que le produit accumulé du travail humain.

» C'est ainsi que l'histoire déroulée sous nos yeux ne nous apparaît plus comme un tableau simplement chronologique d'événements sans liaison, de progrès fortuits, de perversités incompréhensibles ou de dévouements extraordinaires. Désormais la Providence n'est pas plus féconde en générosités arbitraires qu'en sévérités inexorables, et l'histoire est considérée comme ayant un développement déterminé par l'état cérébral de l'homme, par son activité vis-à-vis du monde tel qu'il se présente. Elle prend rang dans la série des sciences qui représentent les acquisitions successives de l'humanité ; elle se place à côté de la biologie, dont elle émane comme la fonction émane de l'organe.

» Dès lors s'amoindrissent ces questions irritantes autant qu'inutiles du libre arbitre plus ou moins absolu ou de son assujettissement à une volonté extra-terrestre, questions qui, mal posées et soutenues sans franchise, ont fait couler des flots d'encre ou des flots de sang, selon les temps et les lieux. Le libre arbitre subit les lois de la vie, comme l'individu subit les transformations de l'âge ; le libre arbitre de telle époque n'est pas celui de telle autre, non plus que l'enfance n'est la maturité, et de même que des modifications accidentelles dans le cours physiologique de l'existence ne font qu'en contrarier les fonctions qui reviennent bientôt à l'état normal, ainsi les maladies intellectuelles, les perversités et les crimes de certains hommes ou leurs brillantes qualités ne font que gêner ou hâter les évolutions logiques et forcées de l'histoire, sans jamais infirmer les conditions de son développement. Rattacher l'histoire, ou science de l'être collectif, à la biologie, science des individus en particulier, c'est compléter les degrés d'une échelle où se montrent d'abord les notions primitives de l'humanité, et en haut les lois qui dominent aujourd'hui nos destinées.

» On comprend pourquoi la philosophie positive, héritière et gardienne de tout le savoir humain, se présente pour tenter de remplacer les conceptions antérieures sur le monde et sur l'homme par les lois qu'elle a découvertes.

» Quant à ceux qui nous infligent leur Dieu extérieur, rémunérateur et vengeur, despote autocrate, arbitraire en ses décrets, omnipotent et inévitable, il n'y aurait pas lieu de les combattre s'ils se maintenaient dans les théories abstraites, et supposaient seulement que les événements ont pour principe et pour sanction leur Dieu-Providence, sans interpréter par eux-mêmes ses volontés et ses vues, et les appliquer; mais cela leur est impossible.

» D'ailleurs tout contredit désormais le pouvoir de la théocratie en face de la science. D'un côté sont les lois immanentes, les vérifications et les découvertes; de l'autre l'hypothèse transcendante, l'essor vers l'infini et l'inconnu, qu'on voudrait amener aux proportions du connu et faire peser sur nous, alors qu'il échappe sans cesse par sa contradiction avec le réel. La science qui attaque la nature pour la faire servir au bien-être de tous, qui arrête les faits au passage pour leur donner une place dans notre esprit, la science qui se résigne devant les limites de l'intelligence et qui « voit encore avec admiration les mondes portés sur l'abîme de l'espace, comme la vie portée sur l'abîme du temps », la science voit partout des citoyens et des frères, des collaborateurs et des égaux; elle ne connaît ni élus, ni réprouvés. Ce que nous avons gagné dans ce siècle présent sur l'intolérance religieuse mérite d'être noté : les mêmes lois civiles et politiques s'imposent aujourd'hui en Europe aux protestants, aux juifs, aux musulmans, aux déistes, aux catholiques, au panthéistes et aux athées; mais ce qui favorise le mieux la philosophie positive, c'est l'insuffisance avérée de ses adversaires sur toutes les questions sociales pendantes, dont la solution s'impose pourtant de plus en plus.

» Contrairement aux doctrines qui se succèdent avec plus de bruit que de lumière, s'injuriant réciproquement et voulant dominer avec absolutisme, la philosophie positive ne veut aucune place, ne demande aucun rang dans la grande bataille que les spéculations philosophiques se livrent depuis tant d'années sur le terrain de l'humanité. C'est par sa position indépendante qu'elle tend à dominer l'anarchie intellectuelle, et du haut retranchement de la science elle n'est ni radicale, ni conservatrice, ni protestante, ni catholique. Elle ne sort pas de toutes pièces d'un laboratoire, ni d'une formule mathématique, mais elle est le résumé de toutes les sciences qu'elle pratique avec impartialité, ne rejetant pas le passé en bloc, sous le prétexte insuffisant qu'il est le passé, admettant au contraire sa valeur et son utilité relatives. Elle reconnait qu'on ne doit retrancher du cours des âges aucun événement sans l'étudier, aucune époque sans la discuter, et qu'il faut enregistrer tous les résultats légués par les siècles antérieurs, comme ayant leur rang utile dans l'évolution même contemporaine qui en hérite avec reconnaissance.

» La philosophie positive n'est ni révolutionnaire, ni spiritualiste, ni matérialiste; elle est la science, c'est-à-dire l'ennemie du surnaturel et l'adversaire des religions intolérantes, fanatiques et prosélytistes dont les fictions sont l'appui principal et qu'elle veut remplacer socialement. Si elle fait opposition à l'athéisme aussi bien qu'à la théologie, c'est que pour elle l'athée et le théologien se ressemblent et s'unissent dans l'inacceptable prétention d'expliquer l'inexplicable, c'est-à-dire les causes premières et dernières (1). »

Aussi sans médire des nombreux prélats qui manquent peu d'occasions de donner à la prière un caractère de dissertation politique, on est en droit d'affirmer que la démocratie peut étudier cette philosophie sans crainte de *s'abreuver aux sources empoisonnées de l'athéisme* (2).

On voit par l'ensemble de ce qui précède combien deviendrait large et rapide le progrès, c'est-à-dire le développement de l'ordre, si les choses tant naturelles que sociologiques nous étaient dites dès la jeunesse telles qu'elles sont, dans ce qu'elles ont de saisissable pour chaque âge, au lieu de ne nous être montrées que sous des formes fictives ou absolument fausses; si, au lieu d'entraver ou de défendre l'exercice des facultés d'observation et d'activité comparative, cet exercice était ramené au droit et au juste par les exemples voulus.

Pour s'en assurer, chacun n'a qu'à se reporter au souvenir du temps qu'il a dû employer, plus tard, lorsque est venu le moment de remplacer par des vérités laborieusement acquises les erreurs inculquées dès l'enfance sous prétexte d'éducation

(1) E. Bourdet, ouvrage cité, p. 8 à 11.
(2) Discours de M. Mabille, évêque de Versailles, 14 janvier 1877.

religieuse; alors qu'un progrès réel eût pu être le fruit des efforts consacrés à une simple substitution d'idées, à un simple renversement d'opinions qui n'auraient jamais dû être inculquées.

En d'autres termes, dans l'instruction primaire et surtout dans l'instruction secondaire, doivent entrer toutes les notions d'éducation et de science sociale, que rendent déjà saisissables à cet âge les événements de tous les jours. Elles doivent y entrer au même titre qu'y pénètrent déjà des notions de mathématique par le calcul.

Dès cette époque, il est facile de comprendre comment l'intervention des notions scientifiques dans nos acquisitions intellectuelles, devient source de progrès par ce fait qu'elles nous conduisent à connaître la nature propre de tous les objets et de tous les phénomènes accessibles à nos sens et à notre intelligence; — comment, sur ce qui est connaissable, elle fonde des dogmes véritables; — comment elle empiète chaque jour sur l'inconnaissable qui ne sera jamais mis à découvert entièrement, mais sur lequel on ne saurait fonder des dogmes utiles et susceptibles de se prêter aux progrès sociaux d'ordre moral, intellectuel et matériel; — comment c'est de chacune des notions particulières dont ces dogmes unifient et résument les connaissances que dérivent à tout instant les nouveaux procédés satisfaisant aux nécessités individuelles et sociales de chaque jour; comment, — par plus d'exactitude et de précision, ces procédés deviennent par là plus économiques à tous égards; — comment, par suite, ces dogmes, ces théories, en un mot, sont des guides nécessaires, sans lesquels, en fait, nul effort intellectuel ne conduit à des résultats efficaces.

Or, qui ne sait, encore une fois, que c'est de simples données de cet ordre que, dès la première jeunesse, surgit la pensée d'adopter telle ou telle profession?

Et ici rien de moins exact que de dire avec quelques littérateurs que la science détruit tout sentiment poétique et même la liberté d'esprit. Le savoir fait disparaître l'erreur et l'illusion; mais, encore une fois, la poésie ne vit pas seulement d'illusion; elle ne suppose des possibilités nouvelles, elle ne les crée, ne les invente que d'après les possibilités constantes dont l'observation, l'induction et la comparaison lui ont démontré l'existence réelle. La poésie n'est saisissante qu'autant qu'elle conserve un accord logique entre ces possibilités nouvelles et les événements qu'elle suppose survenir comme autant de conséquences et de développements des premières. Alors même qu'il s'agit d'œuvres esthétiques, celui qui prétend se dégager de tout ce qui est de son temps, faire de l'art pour l'art, aussi bien qu'en science et en politique, celui-là est de par ce fait frappé de stérilité. Celui-là n'apporte jamais que quelque pâle reproduction, sans portée ni saveur, de choses déjà exécutées, au lieu d'une expression neuve de choses réelles ou conçues d'après ces dernières. Aussi, plus s'étend notre savoir de la réalité, plus s'élargit le domaine de l'imagination. Les poëmes de l'Inde, de la Grèce et de Rome sont là pour le prouver; car ils nous montrent leurs auteurs possédant toutes les connaissances qui devaient les mettre au niveau de l'état des sciences de leur époque.

Et d'un autre côté, est-ce vraiment parce que la science restant inconnue du plus grand nombre, n'ayant encore comme effet évident, depuis soixante ans, que l'accroissement d'un tiers dans la vie moyenne individuelle, l'impossibilité du retour des disettes, l'emploi de la vapeur, des chemins de fer, des télégraphes, etc., etc., qu'il faut repousser les conséquences philosophiques et morales qui en découlent; puis par là en fait s'opposer à ses progrès par cette raison qu'elle met à la place de ce qu'on ne croit plus autre chose que ce que l'on a rêvé?

CHAPITRE XII

RELATIONS DE L'ESPRIT MODERNE AVEC L'INSTRUCTION ET L'ÉDUCATION.

Il est remarquable de voir combien est grand le nombre des personnes qui, en raison de l'instruction et de l'éducation que nous recevons, sont conduites à méconnaître que, depuis deux à trois siècles, au-dessus de la civilisation catholique, s'est élevé un esprit civilisateur différent de celui qui a précédé.

Soutenir cet esprit moderne, reconnaître que le savoir humain, par son développement abstrait et aussi par son activité dans les applications de ce savoir, est devenu non moins moralisateur que ne le fut la culture des sentiments théologiques et mystiques, c'est faire communément acte de parti, dans le mauvais sens du mot.

Tout considérer en ces questions comme ne dérivant que du christianisme, laisser de côté ce qui nous vient de la Grèce et de l'Inde, est donné comme un véritable dogme, et on est mal venu de dire qu'il y a plus et mieux que ce que nous devons au moyen âge.

Les découvertes de Copernic et de Galilée ne sont pas dues au christianisme, n'en dérivent pas, n'ont pas été suscitées par lui, ne favorisent pas son extension, ne peuvent servir de soutien dans la discussion de ses dogmes; elles ont été vérifiées, admises et surtout répandues malgré les oppositions de l'Église. Ceci s'applique au plus grand nombre des progrès de la science qui ont été faits depuis sans discontinuité, en prenant une extension toujours croissante. Ce mouvement scientifique en est venu à donner une notion réelle de l'ordre général qui, lié à la conception de l'ordre social, forme ainsi un tout, un ensemble nouveau et positif de croyances communes, créant une véritable religion, dans le sens propre du mot. Là est l'esprit nouveau. L'intérêt porté au progrès de la science, comme destiné à suppléer tout ce qui échappe graduellement aux théologies qui s'en vont, est ce qui constitue l'esprit moderne.

Avec lui on conçoit une philosophie dont la base est cosmologique et humaine, au lieu de chercher sa source dans le surnaturel. En même temps elle moralise, en ce qu'elle fait succéder la certitude au doute perpétuel. Avec cet esprit vient la soumission de la raison par la foi démontrée, à des choses qui, à la vérité, sont souvent humiliantes pour nous;

telle est par exemple la croyance au mouvement de la terre, qui nous prouve que nous sommes soumis à un ordre universel, contre lequel nous ne pouvons rien et pour lequel nous ne sommes qu'une particule constituante de notre planète. Mais encore est-il que : savoir ce qui est, vaut mieux pour demain, que l'illusion ne vaut pour aujourd'hui.

Il faut donc que l'enseignement nous apprenne comment, au sein du christianisme, à son aide d'abord, puis malgré son opposition, ont surgi et se sont développées des idées qui l'emportent sur bien des dogmes aux points de vue intellectuel et moral.

C'est par là qu'on apprend à marcher ferme à l'aide des préoccupations que donne le savoir dans tout action; c'est par là qu'en même temps on apprend à se défier des négations, aussi bien que des affirmations absolues de l'ignorance, qui non-seulement ne doute de rien, mais qui tranche les questions d'une manière d'autant plus assurée qu'elle les connaît moins. C'est par là que, pour le savoir, l'échec est épreuve ou expérience, apprenant à mieux faire ultérieurement et non motif pour de vaines récriminations; par là, enfin, on évite de croire que les mesures immédiates puissent être radicales, c'est-à-dire d'un effet permanent et vivifiant, ou que les mesures qui sont radicales par la profondeur et la continuité de leurs effets puissent être prises absolument d'une manière immédiate. On voit alors bientôt où sont la mauvaise foi spéculative ou simplement l'incapacité de ceux qui font cette confusion.

L'esprit moderne s'est ainsi graduellement développé, parce qu'on a bientôt reconnu que des notions positives, constantes restaient seules susceptibles de servir de base de conviction; que mieux que les autres, elles préservaient chaque individu du choc des passions et par là pouvaient conduire à rallier ensemble des hommes en leur permettant de s'entendre sur quelques points fondamentaux.

La science, quelque restreinte qu'elle fût autrefois, était, par là, chose sainte, parce qu'on y sentait une base solide, la seule qui ne fût pas susceptible de sophistication. Malgré toutes les variations de la théologie et de la métaphysique on voyait rester invariables, droites dans leur direction, les notions astronomiques et autres, aussi bien avant qu'après l'avénement du catholicisme. De là, pour la science, les sympathies intellectuelles du plus grand nombre et, en revanche, les haines de la part de ceux dont elle rendait vaines les conceptions hyperphysiques.

De l'astronomie qui dominait dans l'éducation, cet ordre d'idées et de sentiments s'est graduellement étendu à la chimie et à la biologie; de là l'extension de la notion de lois végétatives et animales auxquelles l'homme est subordonné, puis de loi sociales et morales différentes et indépendantes de toute intervention des entités surnaturelles données jusque-là comme régissant tout.

Le nombre est grand des questions qui ont ainsi surgi pendant la durée du catholicisme et qu'on ne retrouve ni dans ses dogmes ni dans ses livres. De par ce fait, il les voit d'abord avec indifférence, comme curiosités et récréations intellectuelles; puis, quand elles grandissent et viennent à faire brèche dans son édifice, il les combat; mais elles continuent à se développer malgré son opposition, non pas toujours intellectuelle, mais bien souvent temporelle, cruellement inquisitoriale et persécutrice. Aujourd'hui elles constituent un tout considérable, dont il ne peut revendiquer la paternité, mais dont il voudrait monopoliser l'enseignement.

Ici les chefs voient très-bien que le besoin seul, qu'on a dans toute société d'avoir une doctrine donnant une constitution mentale à l'ensemble des choses est là, bien plus que la foi, ce qui fait qu'il reste encore des chrétiens. Ils savent surtout qu'on reste attaché à cette doctrine parce que c'est la première reçue, et que la plupart manquent ensuite du temps et des autres moyens nécessaires, pour en chercher une plus complète à lui substituer. De là aussi vient que l'épiscopat tient tant à garder entre ses mains tous les degrés de l'enseignement; qu'il y tient d'autant plus que toute la science et tout le travail industriel modernes écartent graduellement le surnaturel de la conception du monde. Il ne craint nullement de montrer quelle importance il attache à cette question, comme le prouvent ces passages d'une lettre pastorale de M. l'évêque de Marseille (janvier 1877) :

« Il y avait donc pour l'épiscopat un grand but à poursuivre, celui de dégager l'enseignement supérieur des entraves du même monopole dont les efforts persévérants des catholiques étaient parvenus *à délivrer l'enseignement primaire et secondaire.* Le salut de nos jeunes générations appartenant aux *classes dirigeantes* était à ce prix, et vos évêques peuvent se rendre, devant Dieu et devant les hommes, le témoignage qu'ils n'ont rien négligé pour obtenir cette dernière et indispensable émancipation.

» Dieu bénit leur constance, et l'on vit luire enfin le jour où il fut permis à l'Église, sinon de combattre à armes égales, du moins de risquer la lutte contre un enseignement jusque-là sans contradicteur et sans rival. Une telle conquête, due tout entière à la protection de Dieu, marquait suffisamment sa volonté. »

La *Lettre* se termine par l'annonce de l'ouverture d'une *quête* dans toute l'étendue du diocèse pour la création de l'Université nouvelle. D'après les dispositions indiquées, on sera *fondateur d'une chaire* en s'engageant à verser *cent mille francs; fondateur de l'Université* en souscrivant pour la somme de dix mille francs, et *fondateur d'une Faculté* par le versement d'une somme de cinq mille francs.

Mais d'un autre côté l'épiscopat en se mettant en avant dans ces questions ne voit pas suffisamment la contradiction qui résulte pour lui de ce qu'il enseigne une doctrine qui permet de tout juger avec absolutisme en parole et en fait, mais qui ne se prête pas à l'incorporation des phénomènes sociaux modernes; phénomènes qui se présentent tous les jours comme autant de données inévitables produits de notre évolution intellectuelle et morale. Et ce qui le prouve, c'est ce que dit en ces termes M. Mabille, évêque de Versailles, en terminant un exposé sur le rôle qu'a joué la démocratie jusqu'à ce jour et sur les craintes que *le bon sens* doit inspirer aux *conservateurs de tous les partis* à la vue de sa propagation sur les sommets comme dans la plaine :

« Quoi qu'il en soit, la question soulevée est formidable; elle porte notre avenir. Devenue la puissance du jour, par des événements et des circonstances qu'il n'est pas de notre sujet d'énumérer, la démocratie a devant elle deux voies. Il n'y a pas de milieu. Il faut qu'elle s'engage dans l'une ou dans l'autre. Que si elle prétend ne relever que d'elle-même; que si, reniant son origine, elle renonce à l'élément chrétien pour aller s'abreuver aux sources empoisonnées de l'athéisme; que si elle se laisse diriger et dominer par une certaine presse qui se donne la triste mission de nous calomnier odieusement chaque jour, et de verser à pleines mains les outrages et les blasphèmes sur tout ce qu'il y a de plus sacré et de plus vénérable, que fera-t-elle? A quoi aboutiront ses efforts? Comment finira-t-elle? Je n'ose le dire (1). »

Devant les effarements du plus grand nombre des véritables croyants dès que quelque homme de science se permet de toucher aux questions théologiques, il n'est pas inutile de faire observer qu'aujourd'hui il est très-permis à ces derniers d'aborder ces problèmes, par cette raison même que les prélats les plus autorisés portent dans le temple les questions soit sociales, soit d'enseignement supérieur qui sont le plus du domaine de la science théorique et appliquée.

« Si nous signalons le ton et l'esprit de ces mandements fort nombreux depuis quelques mois, ce n'est point que nous entendions contester le droit des évêques à devenir des écrivains politiques et à traiter des matières sociales. Il leur convient de

(1) Discours à la chapelle du Palais de Versailles, à l'occasion des prières publiques du 11 janvier 1877.

prendre ce rôle de contempteurs de notre temps et de nos institutions, et d'agitateurs. C'est leur affaire. La suite des événements leur apprendra jusqu'à quel point ils ont ainsi servi ou desservi les intérêts de l'Église et de la religion ; mais, pour le moment, il est une chose certaine, c'est que l'épiscopat français a sa grande part de responsabilité dans le caractère de violence que prennent de plus en plus les questions religieuses. Le feu qui s'allume, les évêques l'attisent (1). »

Et de plus, à ceux de ces derniers qui ne partagent pas cette immixtion de la politique dans la religion M. de Franclieu écrit (décembre 1876) :

« Je ne suis pas théologien, et il m'est interdit d'appeler à mon aide tout ou partie de ce que les Pères de l'Église ont écrit sur cette grande question de l'indifférence du chrétien en matière politique ; mais il me suffit de savoir et de croire ce que l'Église apprend indistinctement à chacun de ses enfants pour être d'autant plus fort contre vous qu'ici, comme toujours, ma raison est d'accord avec ma foi. »

La lettre se termine par ces mots :

« Les raisons que je viens d'exposer à Votre Grandeur établissent de la manière la plus formelle que le prêtre, le journaliste, l'homme politique et même

(1) Journal *le Temps*, février, 1877.

le simple citoyen ont non-seulement le droit, mais encore le strict devoir de militer à la fois comme chrétiens et comme royalistes, dans la mesure et avec la prudence qu'exigent les diverses situations de chacun, parce qu'*il serait illogique*, je le répète en terminant, *de repousser ou même seulement de négliger les moyens, quand la conscience impose l'obligation de vouloir la fin.* »

Le journal à qui j'emprunte cette citation ajoute : « Ceux des hommes politiques qu'on appelle cléricaux sont comme M. de Franclieu. La religion leur apparait surtout comme un moyen de vaincre les résistances à leur politique. C'est à la fois pour eux un signe de ralliement et une arme de guerre. »

Par voie de réciprocité la plus élémentaire, il serait impossible de ne pas accorder aux hommes de science ce que s'attribuent le clergé et ses meilleurs défenseurs, non pas au point de vue de l'emploi de moyens tels que la fin seule les justifie, mais sous le rapport du droit qu'on leur donne ainsi d'étendre leurs inductions jusqu'à ce qui touche les questions religieuses.

On voit d'autre part comment les doctrines de l'épiscopat conduisent à procéder par *ultimatum*, et toujours il en sera ainsi quand les actes de l'esprit moderne seront jugés par les dogmes qu'ont fournis les anciennes conceptions de l'univers. Il en sera ainsi tant que, pour régir, le clergé s'efforcera de persuader qu'une fois ses dogmes et ses doctrines bien appris il ne reste plus rien à apprendre.

Conformant l'instruction, l'éducation et la morale à la conception du monde et de l'homme, l'esprit moderne sait au contraire qu'il y aura toujours des fanatiques par ignorance, et que son office religieux ne peut avoir action que graduellement; il sait que l'idéal qu'il puise dans la conception de l'univers ne gagne que les esprits déjà éclairés par leur propre instruction et surtout par l'expérience sociale qu'ils ont pu acquérir; il sait qu'il ne gagne en d'autres termes que ceux qui représentent ce qu'on appelle *l'opinion publique bien préparée.*

Devant les questions de cet ordre, même les plus litigieuses, lorsque le christianisme voit leurs progrès dans les esprits, il sait souvent du reste se plier à tout et absoudre pour absorber, sans que jamais, au contraire, la science ait cédé sur rien.

C'est ainsi qu'à côté de ceux qui considèrent la doctrine du transformisme comme *un signe de l'abaissement intellectuel qui caractérise notre époque* (M. Guibert) et une manifestation du matérialisme le plus grossier, il est d'autres chrétiens qui la disent *être l'objet d'injustes préventions; qui pensent qu'on a affecté de croire que cette théorie est inconciliable avec le dogme d'un Dieu personnel, créateur et providence, alors que rien n'est moins démontré* (1).

Sous la plume de ceux qui voudraient que le présent reproduisît continuellement et perpétuellement le passé, cet assouplissement du dogme pour qu'il atteigne ce but, n'a rien d'étonnant. Il ne jure pas avec la résistance dite conservatrice du régime ancien, mettant les droits des rois avant ceux de l'homme, les droits de l'Église au-dessus de ceux des rois, et évitant de faire comprendre que l'étendue des devoirs croît avec l'étendue de la puissance tant matérielle que morale.

Ceux-là se disent *conservateurs* qui veulent constamment rétablir un passé qui n'a pu tenir, ou qui n'est vainement rétabli que pour voir succéder à chaque rétablissement une révolution qui montre l'instabilité des choses restaurées. Or ceux-là sont les véritables révolutionnaires; car, sous prétexte de fidélité à cet instable passé, ils conspirent contre la volonté du plus grand nombre, contre ceux qui soutiennent l'ordre et le progrès actuels; ils ne craignent pas de proposer l'exécution de coups d'État, comme si leurs intérêts devaient primer tous les principes; comme si, d'autre part, à cha-

(1) Carrau, *Revue politique et littéraire*. Paris, 1876, p. 411.

cun des renversements suivis de tentatives de restauration du passé n'avait pas succédé un ensemble de conditions meilleures qu'auparavant; meilleures pour les agriculteurs, les industriels, les commerçants et les financiers aussi bien que pour la science et pour les beaux-arts.

Cette incapacité de comprendre ce que le présent a de grand pour l'avenir leur paraît une pleine et suffisante justification des agissements ayant pour but d'inspirer la défiance, au nom de leurs affections monarchiques; les devoirs qu'impose le relèvement de la nation par le calme que commande la continuité des efforts leur paraissent chose au-dessous d'eux, hors d'eux point n'étant de salut. Or cette résistance, qui, unie à diverses ambitions, les rend toujours menaçants pour la tranquillité publique et opposés à tout progrès social, est du fait de l'éducation qui conduit systématiquement à ne tirer les dogmes et le régime que de ce qui vient des textes bibliques. Il est vrai que s'appuyer sur eux a longtemps été utile pour maintenir les esprits, les discipliner, les diriger dans l'ordre des conceptions abstraites toujours nécessaires, scientifiquement et socialement parlant. Mais il faut pourtant en venir à considérer comme étant les véritables révolutionnaires ceux qui continuent à vouloir que tout surgisse de cet ordre d'idées orientales ; ceux aussi qui méconnaissent qu'il s'est développé depuis, une somme de documents intellectuels, moraux, esthétiques et relatifs à tous les modes de l'activité humaine, somme qui est plus considérable et plus efficace que le surnaturel auquel ils veulent subordonner le tout.

Il faut qu'on s'habitue à reconnaître que, malgré ces résistances, le dogme auquel se rattachent tous les progrès actuels est celui qui consiste à concevoir l'ordre naturel condensé dans l'humanité, évoluant dans le temps et dans l'espace terrestres ; toutes les notions acquises par la philosophie naturelle et sociologique se résumant en elle. On ne peut, en effet, concevoir l'humanité sans son milieu (cosmologie et biologie) dont l'étude philosophique montre que toute existence individuelle a pour but de servir l'humanité en se consacrant aux progrès de sa patrie, être supérieur à tous les individus : supérieur, car il ne tient compte que du bon des hommes, parce que les hommes ne se rapprochent d'une manière durable que par leurs bons côtés (1).

D'un dogme qui n'a rien de surnaturel découle un régime qui repousse tout ce qui est empreint

(1) Voyez aussi, dans *la Philosophie positive* (revue), 1876, t. XVI, Guarin de Vitry, *Sur la Constitution de la science sociale*, et *ibid.* Stupuy, *la Notion de l'humanité*.

d'un absolutisme hyperphysique et souverain ou régalien. Les hommes sont ici des organes sociaux et non des individualités indépendantes de tout. Ils ont des devoirs à remplir envers l'État, autant que l'État en remplit envers eux. Les droits divins aussi bien que ceux de l'homme s'éteignent devant ces devoirs, car les droits se rapportent au seul régime individuel et non au régime social; aussi tous ceux qui invoquent les droits de l'homme les invoquent-ils toujours au nom de Dieu et point au nom de l'Humanité. Là a été la supériorité de Voltaire, qui n'a point attaqué les dogmes en général, mais bien cette partie du droit divin qui entrave le développement des lois et du régime dont l'ordre naturel de l'activité humaine représente la source.

Or, les conceptions abstraites qui, par induction et déduction alternatives, s'établissent pour chacune servir de guide, comme autant de constantes, au milieu des variables sans nombre de l'activité humaine; ces conceptions, dis-je, doivent surgir de ce dogme généralisateur et coordinateur et non des textes mythiques sortis des temps fétichiques, astrolâtriques et des théologies anthropomorphiques primitives. « Dugald-Stewart avait remarqué, il y a longtemps déjà, que le propre des peuples barbares et ignorants est de méconnaître et de violenter les lois naturelles, aussi bien dans l'ordre social et moral que dans l'ordre physique. Les hommes éclairés, au contraire, s'appliquent à étudier ces lois et à s'y conformer, et c'est ainsi qu'ils réalisent le progrès (1). »

Or cette violation des lois naturelles est un des caractères de toutes les fictions théogoniques, dès que l'esprit du théosophe cherche à établir un lien entre quelque divinité et les êtres terrestres. Ce n'est donc pas à l'aide des conceptions tirées de l'inconnaissable, qui gît en deçà et au-delà de ces lois de tous les ordres, que l'on peut fonder un dogme qui relie les hommes par leurs bons côtés, ni sur ce dogme une morale qui les améliore. C'est bien au contraire sur ce qu'il y a de connu dans ces lois naturelles.

(1) Passy, *Journal officiel*. 1876, p. 5576.

CHAPITRE XIII

SUR LES INCONVÉNIENTS D'UNE ÉDUCATION QUI EST EN DÉSACCORD AVEC LA NATURE RÉELLE DES CHOSES.

Les chapitres qui précèdent montrent combien et comment dans l'instruction que nous recevons une grande part est prise à contre-sens de la réalité physiologique, sociale et morale. La cause est que, dans notre enseignement, il est tenu peu de compte de la nature et de l'état de développement de nos facultés intellectuelles et sensorielles, bien qu'il s'agisse précisément d'en diriger et d'en accroître le développement d'une manière corrélative vers un but social. La cause est aussi que la plupart de ceux qui instruisent, ignorent la nature des phénomènes inorganiques, organiques et d'évolution sociale qui doivent être le point d'appui et le but de l'enseignement (1). On demeure toujours effrayé de l'indiffé-

(1) Voyez l'opinion, sur ce sujet, des principaux auteurs qui l'ont examiné, dans C. Issaurat, *de l'Instruction gratuite obligatoire et laïque*. Paris, 1873, in-12, p. 35 et suiv. Voyez aussi Louis Viardot, *Libre examen*. Paris, 1872, et éditions suivantes.

rent mépris avec lequel le plus grand nombre traite ces questions chez nous (en dehors des personnes que leurs devoirs professionnels forcent à les étudier), dès l'instant où la solution à laquelle on arrive s'écarte de celles que donnent les préjugés dont nous sommes nourris à cet égard. On l'est surtout quand on voit à quels progrès a conduit leur libre discussion dans tous les États qui nous environnent, l'Espagne seule exceptée, et à quel point ceux qui jugent ainsi dédaignent les dires et les écrits de ceux qui nous renseignent à cet égard, d'après ce qu'ils ont vu (1).

Tout ce que cette manière de faire a de désastreux pour les individus et pour la société a nombre de fois été signalé depuis ce siècle. Mais l'importance du sujet, et la persistance avec laquelle sont maintenus les abus, rendent nécessaire ici l'énoncé de quelques-unes de ses conséquences les plus évidentes.

Il est manifeste encore une fois que l'instruction primaire et secondaire sont données de telle sorte qu'elles forcent ceux qui abordent l'enseignement supérieur à reconstruire à peu près de fond en comble leur éducation, en ce qui concerne surtout ce

(1) Voir les importants *Rapports* et les communications académiques de MM. Hippeau, Schutzenberger (*de la Réforme de l'Enseignement*. Paris, 1870, et 2e édition, 1876) et autres.

qu'elle peut avoir d'utile pour ces études finales. Presque rien dans les premières ne prépare à la dernière ; les différences entre les notions acquises et celles qu'il s'agit d'acquérir sans avoir été renseigné par leurs liens originels sont telles que plus d'un ne peut franchir cet obstacle ; il le tourne tout au plus sans jamais le vaincre. Celui-ci, dès lors, reste dans sa profession comme un ouvrier qui ne sait faire qu'une chose, incapable qu'il est de distinguer le savoir général du métier, de distinguer ce qui est réellement de ce qu'on dit des réalités, et une démonstration d'une explication.

A la vérité, d'une manière générale, l'instruction reçue par le plus grand nombre suffit assez bien aux choses habituelles de la vie dans chaque profession. Mais l'absence des données d'ensemble ou même spéciales qui peuvent être acquises sans descendre jusqu'à l'étude expérimentale de chaque science, se fait cruellement sentir dès que surviennent les maladies individuelles ou épidémiques, les guerres ou les révolutions. Ici aucune classe, depuis celles d'où sortent les gouvernants, ceux qui nous enseignent ou qui nous jugent, jusqu'à celles des plus humbles servants, n'est exempte de la crédulité la plus aveugle ; et cela par suite d'ignorance de la nature réelle des phénomènes observés.

Ce n'est pas seulement pour les moments où l'on

n'a rien à faire que doit être donnée l'éducation; elle doit l'être pour que chacun apprenne à résoudre les difficultés de tout ordre qui se présentent dans le cours de la vie individuelle et sociale.

Or, en ce qui touche l'instruction des femmes, en effet, ne voit-on pas parler incessamment de l'organisation de leur travail, alors que le très-grand nombre sort des écoles sans avoir rien appris de ce qu'elles auront à faire toute leur vie comme mères et épouses? Les médecins plus que tous autres sont appelés à constater à quel point l'éducation qui leur est donnée les conduit à se complaire dans les choses qui ne servent à rien, aux dépens des forces et du savoir nécessaires pour en exécuter d'utiles. Rien de plus navrant que de voir dans les campagnes et même dans les villes, tout ce qui leur est enseigné avoir lieu sans que rien leur soit appris de ce qui doit être fait près d'un malade ou d'un convalescent, aimé ou non. Il n'est pas de praticien qui ne cite des cas d'aggravation des maladies et même de mort dues à cette ignorance, qui ne cesse que par l'expérience acquise en face du danger sur leurs enfants ou leurs proches, et le plus souvent aux dépens de ceux qu'elles sont appelées à soigner. Puis aux remarques faites aux congréganistes chargées des classes des filles dans les campagnes, sur la nécessité d'ajouter à leur enseignement au moins la manière de faire une infusion, je n'ai jamais pu obtenir d'autre réponse que ce dire : qu'il s'agit là de choses trop simples pour qu'il vaille la peine d'y consacrer du temps à prendre sur les heures de la classe.

Mais en laissant même de côté ces détails, comment s'étonner de voir qu'après les enseignements qu'elles ont reçus les femmes restent, avec tant d'hommes aussi, soumises à l'empire des préjugés les plus puérils.

Croyance à l'intervention des anges, des saints, d'êtres illuminés d'en haut, à la possibilité de miracles susceptibles de modifier les événements personnels de tous les jours, et ceux de la guerre ou de la politique; le tout conduisant à l'indifférence patriotique la plus absolue et à la défiance ou à la haine envers ceux qui ayant acquis une connaissance positive de la réalité agissent ou parlent en conséquence à la persuasion que rien ne peut être acquis sur tout cela en dehors de ce qu'on leur a enseigné dans leur enfance.

Croyance aux dires les plus étranges sur la cause des maladies et sur les moyens à employer pour y remédier, depuis les sortiléges et les tromperies du somnambulisme, jusqu'aux pratiques dites religieuses et à l'usage des eaux qui auraient acquis des qualités médicinales par de prétendues apparitions miraculeuses survenues plus ou moins près de leur source, amenant des guérisons.

Combien ici ne sommes-nous pas encore au-dessous de Montaigne quand il disait déjà de ces mêmes illusions et d'autres analogues : « Il est « vraysemblable que le principal crédit de tels ef- » fects extraordinaires vienne de la puissance de » l'imagination, agissant principalement contre les » âmes du vulgaire, plus molles; on leur a si fort » saisi la créance, qu'ils pensent veoir ce qu'ils ne » veoyent pas;.... les singeries sont le principal de » l'effect; nostre pensée ne pouvant se desmeler » que moyens si estranges ne viennent de quelque » abstruse science, leur inanité leur donne poids et » révérence. »

Croyance des plus absolutistes sur ce point : que ce serait par ce qu'ont d'impénétrable les desseins de l'Être suprême que se trouve prouvée la nécessité de croire en lui, à sa puissance, à son intervention dans les actes humains : depuis l'action de la foudre qui abat un clocher ou qui tue le berger en même temps que son chien et ses moutons, jusqu'au renversement des souverains. C'est parce que nous ne pouvons pas voir quels sont ses desseins lorsqu'il fait mourir les enfants et les jeunes gens pleins de grâce, de beauté et de force en même temps qu'il fait naître des sourds-muets et les monstruosités anomaliques les plus diverses, que nous devrions croire à sa grandeur, à la profondeur de ses desseins, et que nous devrions, sur cette croyance, fonder les règles de notre morale et de notre conduite.

Ce n'est certes pas là être dans le vrai; et si, malgré tout, la société se développe, si le bien l'emporte sur le mal, nul n'a le droit, dans son admiration finaliste, de laisser de côté le souvenir de ceux qui meurent, de ceux qui souffrent, ni d'oublier cette part la plus douloureuse de l'humanité, composée de maladies, d'anomalies, d'oppressions climatériques, etc.

Lorsqu'on ignore ce que le savoir humain possède déjà sur ces questions, combien ne serait-il pas préférable de dire alors avec un sage de la Grèce que la cause première de l'univers ne doit pas nous occuper, d'abord parce que la matière est obscure, puis ensuite parce que la vie est courte en face de toutes les questions résolvables qu'il importe d'aborder avant celle-là.

Malgré l'apparente différence de ces croyances dont les unes sont dites païennes et les autres chrétiennes, leur origine étant la même, on les trouve à peu près toujours réunies dans l'esprit de chacun de ceux qui les partagent (1). Comme toutes les

(1) Sur la similitude des croyances actuelles de cet ordre et de celles des Grecs, des Romains, etc., voy. Renan, *Dialogues philosophiques*. Paris, 1876, p. 17.

conceptions fétichiques, ces absurdes fictions altèrent profondément, ou empêchent l'observation directe des phénomènes naturels qui les contredisent incessamment, ou au moins leur exacte interprétation. Aussi voit-on ceux qui sont possédés par ces préjugés attribuer de bonne foi les événements qui, par leur généralité, ont un caractère social, non pas à leur véritable cause, comme à la transmission lorsqu'il s'agit du choléra, mais à une colère céleste suscitée par ceux qui ne partagent pas leur opinion, ou à leur trahison quand il s'agit d'événements politiques ou militaires. Il n'est guère de réunion privée où l'on ne puisse constater ce fait.

S'appuyer, pour raisonner et agir, sur le vague nuageux et sur l'indéterminé semble être un but à atteindre. Déranger par le savoir ces ineptes quiétudes est d'un homme de mauvaise compagnie, bon à éviter et contre qui médire n'est que justice, car il tend à montrer les choses comme elles sont et non comme on les suppose ; or la répulsion contre le savoir qui enlève ici les illusions ne saurait trop être approuvée suivant un grand nombre encore.

Je n'ignore pas à quel point c'est péniblement émouvoir les esprits timorés et se faire dire d'un commerce dangereux que de toucher à ces préjugés, que de chercher à incorporer dans l'enseignement les résultats généraux des sciences, sans même vouloir pousser leurs conséquences jusqu'où elles peuvent aller. Mais ce n'est vraiment pas de l'immoralité que de demander à l'éducation de faire comprendre, aux femmes aussi bien qu'aux hommes, ce que valent en nullité et mensonge les conceptions qui veulent faire voir la grandeur de Dieu et la preuve de son existence dans l'aspect d'un champ de bataille, d'une ambulance pleine de blessés en souffrance, ou dans nos désastres comme punition attirée par les incrédules. Ce n'en est vraiment pas non plus que de montrer, ce que valent, suivant les lois naturelles de l'existence, plusieurs milliers de vies humaines détruites en un jour, avec un cœur aussi léger que si elles se refaisaient sans douleurs maternelles et paternelles; comme si devant les blessés on ne devait pas tenir compte des angoisses des parents aussi bien que de celles des souffrants et des mourants; comme s'il n'y avait pas sophisme criminel à dire que quelques morts importent peu puisque, prétendent les diplomates, il devra toujours y avoir des guerres; comme si à ces divers points de vue ce qui est désastre pour nous n'était pas joie à *Te Deum* pour les autres et démonstration en sens contraire simultanément sur le même sujet!

En comparant les chiffres de 1870 et de 1871 à ceux de 1869, on voit que la dernière guerre nous a coûté au moins 500,000 individus morts, soit sur les champs de bataille, soit par suite de blessures, mais principalement par suite des privations et des misères des prisonniers et d'autres encore à cette époque (1). Ces nombres devraient suffire pour faire juger de la valeur de pareils dires trop souvent entendus encore en comparant ces nombres aux pertes de même nature faites par la France de 1806 à 1815. Ceux qui tiennent aux dictatures militaires ou impériales pourront voir ce qu'elles coûtent, quels progrès représentent de telles destructions humaines et si l'incrédulité du siècle en est la cause. D'autres qu'eux verront l'étendue et la criminalité de la faute de ceux qui se laissent aller, et de ceux qui visent, à la possibilité de changer le régime par lequel notre pays s'est sauvé de la ruine pécuniaire et s'est relevé des désastres subis.

Il devient, en un mot, de plus en plus nécessaire d'appliquer aux souverains qui disposent de la paix et de la guerre, ce qu'a dit récemment des particuliers la Cour d'Aix dans les considérants d'un jugement (janvier 1877) :

(1) *Statistique générale de la France*, t. III. Ces morts appartiennent en majorité au sexe masculin. Le nombre total des décès a été, en 1869, de 864,320; en 1870, de 1,016,909; en 1871, de 1,271,010; en 1874, de 773,064, et en 1873, de 844,588. Tandis qu'en 1869 et en 1873 le nombre des décès masculins est, pour 100 décès féminins, de 105 et de 106, ce rapport s'est élevé pour 1870, 1871 et 1872 à 412, 120 et 107. Aussi existe-t-il en ce moment un déficit assez considérable dans notre population masculine.

« Il importe aussi de protester contre un système qui ne voit, pour la famille, dans la perte de l'un des siens, que la privation d'une assistance éventuelle et lointaine, sans souci de sa très-légitime et profonde douleur, sans souci non plus des inquiétudes, des angoisses, des souffrances que la victime a presque toujours subies avant de mourir.

» Enfin, par le dangereux oubli des sentiments les plus respectables et les plus naturels, on amène fatalement l'auteur d'une imprévoyance ou de toute autre faute touchant aux personnes à désirer plutôt la mort que la guérison de la victime, parce que, en cas de mort, la victime n'a plus besoin de rien, tandis qu'en cas de guérison elle peut demander et elle doit obtenir des secours qui l'aident à vivre et réparent le tort que, par la diminution de ses forces et de ses aptitudes, elle éprouve dans le présent et elle éprouvera dans l'avenir. »

La justice s'honore quand, en présence d'un malheur, afin de combattre de semblables théories et d'en prévenir les tristes conséquences, elle consulte moins les règles trop absolues du droit strict que la voix plus équitable et tout aussi autorisée de l'humanité.

Il faut donc apprendre de bonne heure à chacun qu'au-dessus de lui il y a la société, dont les intérêts doivent primer ceux des individus; que par suite, nul ne peut à volonté céder à toutes ses propres *impulsions*, et que toujours on reste forcé d'observer dans quelles limites on peut le faire. Il faut montrer aussi que la responsabilité croît avec la liberté sociale, aussi bien que la responsabilité individuelle reste proportionnelle à l'équilibre fonctionnel mental qui caractérise ce que nous nommons le libre arbitre.

Dans l'ordre intellectuel, scientifique ou politique, au contraire, les impulsions qui conduisent à exécuter ce qui n'a pas encore été accompli, qui conduisent à l'invention, au progrès, ces impulsions-là compromettent toujours l'individu, pour un temps au moins, surtout en politique, et en tout cas elles rencontreront toujours une certaine opposition qu'il faut savoir supporter.

Il faut, de plus, que l'instruction renseigne sur ce fait que le citadin ne commence à rendre à la société ce qu'il lui coûte, que de vingt-sept à vingt-huit ans et le paysan vers vingt-quatre à vingt-cinq ans. Or l'intérêt de la société primant celui de l'individu, à moins de vouloir tomber où en est l'Orient, l'homme ne doit pas se marier avant l'âge où il peut nourrir ses enfants, c'est-à-dire commencer à rendre à la société ce qu'il lui a coûté. De plus, les enfants procréés par l'homme avant l'âge de vingt et un à vingt-cinq ans, par la femme avant dix-sept à vingt et un ans, selon les provinces et les conditions sociales, sont débiles généralement ; ils sont par suite individuellement malheureux et à charge tant à leur famille qu'à la société. Celle-ci a droit d'user de son expérience pour régler, sans violence, l'empêchement ou au moins la diminution de ce qui peut lui nuire.

Comme, au contraire, la puberté se montre sur les individus de treize à quatorze, ans avec ses impulsions plus ou moins intenses, le célibat temporaire est inévitable et indispensable aux progrès sociaux. Comme en raison des impulsions de la puberté, ce célibat n'est jamais que relatif, il constitue un mal, en raison des faits de prostitution qu'il amène et entretient ; mais c'est un mal moindre pour le plus grand nombre que le bien dont il est la source.

Quoi qu'on veuille dire et faire au nom de la liberté individuelle, ce mal, si grand qu'il soit, reste et restera toujours une nécessité sociale comme le célibat temporaire, mais qui par raison de société doit être atténué par une réglementation. Loin de l'éteindre, le laisser libre serait l'encourager et le faire se développer au delà du nécessaire et inutilement, le tout au nom d'un principe vain par son absolutisme, qui le rend déplacé en face d'une question d'instinct organique.

Quelle que soit la question qu'on veuille aborder, on voit une fois de plus qu'il n'est rien dans l'enseignement qui soit plus nuisible à l'éducation en général et à la morale en particulier que de donner, à ceux qui veulent apprendre, la persuasion que les phénomènes sociaux ne suivent pas une marche qui leur est propre, un cours naturel, ou, en d'autres termes, ne s'accomplissent point d'après certaines lois déterminables, et dont les principales mêmes sont déja déterminées. Comment, en effet, inspirer l'idée de devoir à remplir par l'individu envers les autres, à celui qu'on aurait convaincu de la possibilité d'une intervention surnaturelle, soit directe, soit par l'intermédiaire de l'âme de quelque homme mort ou vivant : intervention qui serait capable de changer l'action naturelle des milieux ambiants, le cours de la vie individuelle ou de l'évolution des sociétés?

Ceux que l'enseignement supérieur a mis en contact prolongé avec les mêmes hommes de l'âge de dix-huit à vingt-cinq ans, savent seuls ce qu'il y a de pernicieux encore dans l'habitude prise de faire croire dès l'enfance des choses manifestement fausses, comme nombre de celles qui font loi dans ce qu'on nomme l'histoire sainte. Ces légendes données comme vérités fondamentales et comme bases de toute morale, se trouvant contredites formellement par les enseignements de tout le reste de la vie, ce fait seul porte déjà le plus grand nombre à penser que rien de ce que nous apprend l'histoire ne repose sur une démonstration positive. Les intelligences qui parviennent à se faire leur éducation à cet égard, sont là, bien qu'en petit nombre, pour dire les efforts qu'exige un pareil travail, et quelle peine on éprouve à se débarrasser des erreurs de cette origine et de cet ordre.

Les sciences, et même les données élémentaires sur les lois naturelles qui surgissent dans l'esprit de tous ceux qui se livrent aux travaux agricoles ou industriels, arrivent bientôt à renverser toutes les fictions dont on nourrit intellectuellement l'enfance. Dès lors, elles deviennent inévitablement l'objet de critiques et de plaisanteries incessantes, pleinement justifiées par la nature des choses, mais au grand détriment de la rectitude d'esprit, quand rien n'est donné pour les remplacer. L'éducation positive peut seule apporter les croyances fondées sur une démonstration de tous les instants; elle le peut, quelle que soit du reste la violence des dénégations de ceux qui, tout en reconnaissant l'inanité de ces légendes, pensent qu'il faut hypocritement les conserver pour régir le peuple et les femmes, plutôt que de mener graduellement à la foi démontrée, tant par l'exposé des données scientifiques dont tout le monde peut saisir les clartés, que par la connaissance de celles de l'histoire universelle.

On ne saurait trop insister, en effet, sur ce qu'a d'avilissant l'éducation cléricale, lorsqu'on rencontre les exemples prouvant que jusque dans l'armée et la magistrature, elle conduit nombre d'hommes, non pas à des croyances religieuses réelles, toujours respectables alors, mais à la persuasion qu'il est de bon ton et tout à fait suffisant de prendre l'absolutisme de ces croyances pour arbitre de leurs jugements. Par là, on se donne une facile et apparente supériorité dans la manière d'apprécier les hommes et les événements, sans avoir besoin de faire plus que les autres sur ce que recommande le catholicisme en ce qui concerne les prières, les privations, la pureté des mœurs, la tempérance et la médisance.

Puis parmi ces fidèles se produit-il quelque méfait condamnable on n'hésiste pas à dire que le mieux est d'absoudre, car pour un réel coupable condamné, par sa condamnation des centaines d'esprits seraient éloignés de l'Église, mal bien plus grand que celui que représente l'acte délictueux. C'est ainsi que restent dans le giron clérical un nombre de plus en plus grand d'hommes qui se défient de Dieu sans y croire en fait, car leurs mœurs ne sont aucunement en rapport avec les prescriptions des commandements de l'Église. C'est ainsi qu'on en vient à justifier le dicton populaire qui répète que la police est mieux faite que la justice. Mais c'est là un nombre sans force morale sérieuse; car, si par la faiblesse des gouvernants actuels et par l'abaissement des caractères, ce nombre arrivait au pouvoir il en viendrait certainement à traiter la France en pays conquis, mais sans la rendre cléricale pour cela. Si j'insiste sur ces questions, c'est que nous avons vu, il y a trop peu de temps pour qu'on doive l'oublier, se passer des événements qui ont montré que rien n'est négligé, même au point de vue politique, par ceux qui trouvent bons tous les moyens, quels qu'ils soient, pour obtenir un retour aux régimes politiques tombés. Quelque puérils que ces moyens soient de leur côté, il est bon de rappeler qu'ils ont mérité d'être signalés et jugés comme le spécifient les lignes qui suivent.

« La France se distingue en ce moment entre toutes les nations par ses miracles et ses pèlerinages, parce qu'elle est à la fois très-excitable et très-ignorante. Ne nous étonnons pas de voir revenir les superstitions du moyen âge; nous appartenons encore au moyen âge par l'état intellectuel dans lequel croupit une immense partie de notre population.

» Il est vrai que les classes supérieures font preuve aujourd'hui de la même crédulité, ou peu s'en faut, que les gens de la campagne. Mais c'est qu'à leur manière, et dans l'ordre de leurs idées, elles ont reçu une éducation tout aussi défectueuse. Leur curiosité n'a jamais été éveillée, leur raison jamais fortifiée. Nos lettrés ont appris à faire des vers latins, mais ils n'ont jamais appris à distinguer le vrai et le faux en matière de faits historiques. Ils sont voués en tout à la tradition. Rien de personnel dans leurs opinions, parce que leurs opinions tiennent à leur foi, et qu'ils sont habitués à regarder toute croyance un peu individuelle comme une audace.

» Mais ce qu'il y a de plus humiliant, c'est de penser que nous sommes à cet égard inférieurs à ce que nous avons été nous-mêmes précédemment. Où est l'éclatant bon sens du XVIIIe siècle? qu'est devenue la verve de l'opposition libérale sous la Restauration? qui nous rendra Voltaire et Courier? sommes-nous devenus incapables d'indignation? avons-nous perdu le sens du ridicule? ne se retrouvera-t-il plus personne pour chasser d'un franc et joyeux rire les misérables superstitions au moyen desquelles la réaction semble avoir juré de ruiner le génie français (1)? »

(1) Journal *le Temps*, 18 octobre 1873.

Je sais qu'il est des prêtres pour qui le miracle st là, c'est-à-dire dans ce fait qu'avec si peu ils uissent amener près de quelque fontaine tant de nilliers de pèlerins. Il en est plus d'un aussi qui ne se trompe aucunement ni sur la profondeur des convictions pénétrant de la sorte dans les âmes, l'une part, ni de l'autre sur l'influence qu'elles ont ur les actes individuels instinctifs et intellectuels. Iais alors est-ce bien une doctrine que défend cette nanière de faire?

A ces divers points de vue, on ne saurait trop nontrer combien il importe de fonder les croyances ur des réalités démontrées et non sur des fictions lites révélées; combien surtout l'histoire doit être nseignée en suivant ses traces depuis ses origines connues (autant loin de nous qu'auprès) jusqu'au siècle présent, et non en prenant l'histoire de la Palestine comme centre originel autour duquel tournerait l'évolution de l'entière humanité. Plus encore que tous les autres, les médecins peuvent 'uger à quel point est illusoire la morale fondée sur des lé[illegible]des dont la fausseté est saisie avant même qu'on puisse savoir par quelles notions, empruntées à la physiologie psychologique et à la sociologie, on pourra les remplacer. Quoi de plus singulier, du reste, que d'entendre souvent ces mystères enseignés par des hommes qui n'y croient pas ou qui savent que leur enseignement à cet égard n'aura plus d'influence bien avant l'âge mûr? Et pourtant il faut reconnaître qu'il en reste des traces profondes chez ceux qui, bien qu'intelligents et instruits d'autre part, ne sont pas fortement trempés au point de vue du courage ou de la persévérance ; chez ceux encore dont ce côté du caractère a été atrophié ou perverti par les efforts trop longtemps prolongés pour arriver à satisfaire aux nécessités de l'existence matérielle, individuelle ou familiale, sans qu'ils aient pu chaque semaine au moins, sinon chaque jour, recevoir une culture intellectuelle en rapport avec les observations journalières faites alors.

Aussi que d'actions et de dires ne voit-on pas se produire d'après de purs préjugés, bien plus que d'après des connaissances ! que de fois n'entend-on pas condamner les choses les plus justes et approuver les plus contraires à l'ordre et au progrès d'après ces mêmes préjugés, qui nous font méconnaître les conditions réelles de l'accomplissement des phénomènes ! que de heurts dans les convictions individuelles, ou de province à province, causes de conflits désastreux dans les actes ou dans les opinions, et que de pertes de temps déplorables !

Beaucoup d'hommes vivent de bonne foi, et par incapacité de faire plus, sur cette idée que toutes ces questions d'éducation et de morale se jugent et se règlent par les seules données des préconceptions sentimentales empruntées aux absolutismes de telle ou telle religion. Rien de plus répandu que la croyance qui veut que la morale n'existe pas en dehors du christianisme et en réalité ne fait qu'un avec lui. Ceci, du reste, est prêché partout, depuis l'école jusque dans les temples et à la tribune des chambres politiques.

On applaudit par suite aux paroles de M. Dupanloup, s'appuyant sur celles de M. l'archevêque de Paris et disant :

« Une seule classe d'hommes pourrait se croire autorisée à demander la suppression de l'aumônerie militaire, c'est celle de ces rares et dangereux sophistes, que je n'ai jamais nommés et que je n'aime pas qu'on nomme, des libres-penseurs, car je ne connais pas d'esprits moins libres qu'eux, qui nient Dieu, la Providence, l'âme immortelle, la distinction du bien et du mal, la responsabilité humaine, tous les principes de la morale divine et universelle (1). »

Mais il importe de bien spécifier que le sophisme n'est pas du côté des libres-penseurs et que la question est ici mal posée; il y a même erreur histori-

(1) M. Dupanloup, *Journal officiel*, 22 décembre 1876, p. 9599.

que et scientifique de la part de M. Dupanloup. Les principes de la responsabilité humaine et de la morale universelle se tirent d'un ordre d'idées tout à fait différent de l'ordre des idées religieuses.

La science possède sur ce point de précieux documents, qu'elle est forcée logiquement de substituer à ces suppositions. En d'autres termes, ces questions se jugent depuis longtemps déjà par des renseignements et non par des sentiments, quelque brillants ou déclamatoires que puissent être les enthousiasmes soulevés par l'excitation de ces derniers, ou quel que soit le discrédit qu'on cherche à jeter sur les premiers.

Pour qui a étudié la physiologie cérébrale, la physiologie de la pensée, pour qui a vu avec quelle puissance de netteté l'étude de la folie vient démontrer d'une manière véritablement expérimentale la nature fonctionnelle de nos volitions; pour ceux-là rien de plus certain que les idées morales ne sont pas des actes de même ordre que les sentiments religieux. Il n'est pas moins certain que les sentiments ni les principes religieux ne suscitent point directement et nécessairement des idées morales, mais s'adressent avant tout aux notions de salut personnel. Non-seulement les idées morales ne découlent pas inévitablement des religions, mais tous les jours les événements qui se déroulent devant les tribunaux montrent que les idées et les pratiques religieuses ne préservent aucunement des aberrations morales souvent les plus monstrueuses; et cela en dehors même des cas dans lesquels celles-ci ont pour point de départ organique l'impulsion de besoins instinctifs naturels renversant des réglementations arbitraires pour leur satisfaction inévitable. C'est qu'en effet les règles de la morale sont intrinsèques et proviennent de la constitution même de la nature humaine, et que dans les religions les règles sont dites venir d'ailleurs étant données comme extrinsèques et prescrites par un pouvoir supérieur placé hors de l'homme.

Les facultés morales et intellectuelles, d'une part, les instincts, de l'autre, sont des actes on ne peut plus distincts. Quelle que soit la forme sentimentale sous laquelle ils se manifestent, on ne voit pas les premières subordonnées absolument aux dérivations religieuses des instincts de conservation personnelle, d'une part, de vénération, de l'autre, avec les craintes qu'il suscite pour la vie à venir.

La folie morale est toujours d'ordre intellectuel et non d'ordre sentimental. Elle est loin de se confondre avec les nymphomanies, ni avec la folie ou monomanie religieuse en particulier. Elle est loin d'en être une provenance ordinaire, et on sait que celle-ci est une perturbation de l'instinct de conservation personnelle dans ses rapports avec telle ou telle des fictions de la théologie.

Malgré la confusion qu'on cherche à établir entre ces deux ordres de pensées, les différences de nature qui les séparent et leur indépendance fonctionnelle, sont des faits bien spécifiés depuis longtemps par les aliénistes.

Je n'ignore pas que, dès que les physiologistes envisagent les actes psychologiques sous leur véritable point de vue, c'est-à-dire sous celui de leurs conditions d'accomplissement, tant organiques individuelles que sociales, l'intolérance cléricale intervient pour les traiter d'abjects matérialistes, de sophistes éhontés et dignes de toutes les haines de tout ce qui tient à l'ordre moral.

Mais il faut bien ici que le public connaisse de mieux en mieux ce que la science possède de renseignements certains sur la liaison existant entre les diverses formes de la pensée et le cerveau, l'une étant le mode spécial d'activité de l'autre; renseignements qui s'accumulent sans que l'instruction supérieure les répande parmi ceux qui à chaque pas dans la vie sont appelés à les juger ou à en user. Il faut qu'on sache aussi que ceux qui déversent de la sorte leur abjection sur les physiologistes et les médecins de leur pays, le font du même coup sur ceux du reste de l'Europe et de l'Amérique civilisées. L'éminent aliéniste Maudsley a prouvé encore récemment par un excellent exposé historique de nos connaissances sur ce point ce que je redis ici. Il a rappelé que la nature morbide de la folie était connue des médecins grecs qui la traitaient médicalement et hygiéniquement. Il a fait voir comment, dès les origines du moyen âge, ces saines notions tombèrent dans l'oubli en même temps que le brillant développement intellectuel de la Grèce. Les effets du retour aux écrits des anciens ne furent même pas heureux sous ce point de vue, car le côté élevé de leur philosophie resta longtemps submergé par la superstition et par les subtilités de la scolastique et de la métaphysique. A cette activité intellectuelle stérile pour les sciences, inspirée par l'enseignement et les pratiques monastiques, correspondait un ascétisme religieux outré qui faisait mépriser le corps, temple de Satan, ennemi de l'âme, qui ne devait aspirer qu'à en être délivrée.

Maudsley montre comment de pareilles idées sur les relations du corps avec ses manifestations intellectuelles rendaient impossible une saine théorie de la folie; les traitements odieux qu'on faisait subir aux aliénés apparaissent avec elles. La folie était d'origine surnaturelle, divine ou diabolique. Si le délire avait une forme religieuse, si le malade se livrait à des actes fanatiques, il était entouré de la vénération publique. Mais le plus souvent le trouble mental était attribué à la possession du diable, du malin esprit et la conséquence de la souillure dégradante du péché. Alors intervenaient le cachot, les chaînes, le bûcher.

Unie par un commun intérêt, dit Maudsley, la théologie et la métaphysique s'opposèrent longtemps aux conséquences des investigations médicales. Était réputé sacrilége qui osait étudier l'âme par les méthodes de la physiologie : la considérer comme solidaire d'un corps corruptible, c'était honorer ce corps digne de mépris d'une élévation profane et injustifiable. Aussi le traitement barbare des aliénés a survécu aux croyances, à la possession et à la sorcellerie; d'autant plus que la métaphysique, tout en reconnaissant une maladie dans la folie, y voyait une maladie s'aggravant par la faute d'un malade dont le discernement n'était pas atteint.

« Une fois revenus au niveau des anciens Grecs, ajoute Maudsley, le libre arbitre, le sens moral, restent la forteresse dans laquelle se retranchent ceux encore si nombreux qui veulent que les troubles du pouvoir de la conscience ne soient pas du domaine des médecins. » Mais, contrairement à cette affirmation, et à juste titre ce médecin soutient qu'il n'y a pas de *sanctum sanctorum* pour la science et qu'étudier toutes les facultés mentales, quelque élevées qu'elles soient, est un des devoirs de la physiologie médicale. Le contraire n'est défendu que par ceux qui, n'observant pas l'homme individuel avant l'homme social, ne le connaissent pas tel qu'il est.

L'*essence* et le *pourquoi* de la faculté de penser, qui dure autant que la circulation encéphalique et que l'intégrité de la substance nerveuse, restent aussi mystérieux que ceux de la gravitation. Mais ce qui était jadis inconcevable est devenu concevable et saisissable en ce qui touche la corrélation des phénomènes d'ordre mental avec les autres actes et avec l'organisation physiologique, les transmissions héréditaires; et dans ces phénomènes sont compris ceux dits de sens moral qui sont des résultantes générales que suscitent les pensées courantes et qui par suite s'élèvent au-dessus, au *summum*. L'observation des aliénés a conduit les médecins à recourir à l'anatomie et à la physiologie du cerveau, puis à se reporter aussi loin qu'on le peut en arrière dans l'étude psychologique des civilisations qui se sont succédé. Cette méthode a prouvé une série de faits qui ne pouvaient être démontrés autrement, qui par suite étaient restés inconnus jusque-là et le sont encore de la plupart de ceux qui devraient, soit les enseigner, soit en tenir compte dans leurs appréciations des événements sociaux. C'est par là que ces lignes font partie essentielle du sujet traité dans cet écrit.

Ces faits montrent que les phénomènes intellectuels génériquement dits de *sens moral* et aussi de *notion du juste et de l'injuste, du bien et du mal*, de *conscience*, de *remords*, ont avec le cerveau les mêmes rapports qu'a aussi la pensée avec lui. Le sens moral est aussi étroitement lié à l'état organique de l'encéphale que le sont les autres facultés mentales. Il est, comme elles, soumis aux lois des transmissions héréditaires; il peut, comme elles, se développer par l'éducation, la culture, ou inversement se pervertir et disparaître sous des influences organiques individuelles et sociales, aujourd'hui connues.

Ces actes intellectuels ne sont pas les mêmes que les facultés, qui sont plus ou moins nettement localisées dans telles ou telles des régions cérébrales : ils sont dans les actes de la pensée, de l'ordre de ceux qui pour les autres fonctions, nutritives, reproductrices, etc., portent le nom de *résultats*. Ce sont là, en effet, des phénomènes dérivés qui représentent la résultante générale et supérieure d'un ensemble d'autres pensées plus spéciales, plus particulières. Suscitées par l'ensemble de celles-ci, elles s'élèvent au *summum* de leur expression, parce qu'elles en représentent la commune et harmonique manifestation la plus élevée, la réelle transcendance fonctionnelle, pour se servir du langage des écoles.

Et ici, au point de vue de l'éducation individuelle et surtout sociale, la supériorité physiologique de cette résultante fonctionnelle se manifeste en ce que c'est cet acte même qui règle et amène l'ordre dans les manifestations intellectuelles proprement dites; qui empêche que ces manifestations ne soient réduites à de purs actes impulsifs, c'est-à-dire à de simples actions réflexes encéphaliques.

Contrairement à ce qu'admettent beaucoup d'écrivains, le sens moral n'est pas l'apanage exclusif de l'homme; il se retrouve, comme conséquence inévitable de ce qui précède, partout où il y a pensée; il se constate dans ses formes rudimentaires, mais bien réelles, sur les animaux et proportionnellement aux degrés de leur intelligence. Mais c'est à partir de là, lorsque les hommes se réunissent en société, que déjà né individuellement comme il vient d'être dit, le sens moral surgit graduellement du sentiment des conditions d'existence sociale, du sentiment d'intérêts communs, comme le dit Maudsley; il commence par donner la notion de ce qui est bien et de ce qui est mal, puis du juste et de l'injuste, du moral et de l'immoral, enfin. Ces notions se sont accrues proportionnellement au perfectionnement des facultés intellectuelles par l'instruction et proportionnellement aux influences de transmission héréditaire, comme cela se passe pour les instincts, les facultés intellectuelles, celles d'expression, de locomotion, etc.

Le sens moral s'est ainsi développé, depuis l'origine des sociétés, avec une lenteur qui tient beaucoup à l'ignorance dans laquelle nous sommes restés sur sa source et sa nature réelles.

Il a permis, dit Maudsley, aux premiers individus de se réunir en groupes, soit nomades, soit sédentaires, s'associant ensuite en tribus, puis celles-ci en existences nationales. Mais là s'est arrêté le progrès, et le sens moral n'existe pas encore de nation à nation. Imbus de principes qui n'ont pas changé depuis les temps historiques, les peuples chantent le patriotisme, qui est l'indice d'un sens moral incomplet. La conception par l'esprit humain du cosmopolitisme est le progrès désiré. D'après Maudsley encore, il marquera un second pas en avant, comme le passage de l'état nomade à l'état national a marqué le premier.

Le cosmopolitisme, dont parle ici le savant médecin anglais, est ce que A. Comte a depuis longtemps demandé, avec une profondeur sans égale, comme pouvant être obtenu par la généralisation de la notion d'*Humanité;* généralisation devant former le dogme fondamental de la religion positive; et cela par ce fait qu'elle reliera réellement les nationalités sans les dissoudre par l'oppression, comme le font les rois élus de Dieu et oints par le Seigneur (1).

Comme A. Comte, Maudsley montre que c'est à la physiologie psychologique de marquer la marche à suivre dans cette évolution à travers les âges futurs. Il montre, avec plus de force peut-être qu'on ne l'avait fait jusque-là, qu'en raison même de ce que le sens moral est la dernière acquisition amenée par le développement intellectuel et la plus haute expression, il est le premier à souffrir dans l'individu et la famille, quand une dégénérescence y commence. Le caractère devient bizarre, difficile, irrégulier dans ses actes, prompt à mal interpréter et à accuser. Quand la folie apparaît dans une famille, l'un des premiers symptômes antérieurs au délire, qui pour le public est caractéristique de la démence, c'est soit la perversion, soit la perte totale du sens moral. Ce premier trouble mental est, dans nombre de cas, suivi de la perte plus ou moins complète de l'intelligence, et alors deviennent visibles les altérations des cellules et des autres éléments de la substance nerveuse. Cette fin n'est certainement que la suite des altérations inaperçues lors du trouble moral marquant le début de la démence. Et réciproquement, ce début de l'aliénation ne saurait être d'une autre nature organique et fonctionnelle que

(1) *Voy.* A. Jobez, *la France sous Louis XVI*. Paris, 1877, t. I, p. 16 à 51; 378 et liv. III.

les manifestations ultérieures qui le continuent et qui n'en diffèrent que par leur accroissement.

Ainsi les formes de la pensée dites de *sens moral* et de conscience qui s'élèvent au-dessus des pensées particulières, dont elles dérivent, peuvent disparaître comme elles sont venues, dès que celles-ci perdent leur netteté et leur intensité habituelles; elles le font, soit par affaiblissement accidentel, soit par transmission héréditaire consécutive.

Les criminels d'habitude, qui présentent une perversion du sens moral, une absence de distinction entre le bien et le mal, sont dans une grande proportion des faibles d'esprit ou appartiennent à des familles où existent, ou ont existé des fous, des épileptiques, etc. Cette perte du sens moral les amène aussi à descendre, dans le vrai sens du mot, au-dessous de la brute.

Les aliénistes savent depuis longtemps que lorsqu'on suit les criminels dans toutes les phases de leur vie, on est frappé d'abord du peu d'impression que leur laissent les peines qu'on leur inflige. Ils continuent bientôt à faire le mal alors qu'ils savent n'en tirer aucun profit. Ils forment la classe des criminels par habitude, véritables imbéciles moraux. Plus tard, chez ceux-ci se manifestent les signes plus avancés et plus évidents de telle ou telle forme d'aliénation, d'épilepsie, etc., les modifications organiques de source soit individuelle, soit héréditaire, se découvrent. « Certains criminels, en effet, dit Maudsley, naissent criminels, comme certains aliénés naissent aliénés. Ils vivent dans le crime comme les fous dans la folie. » Et il ajoute « que les systèmes philosophiques ont beau formuler des règles pour régir la volonté et user des bienfaits de l'éducation, leurs propositions abstraites ne restent vraies que pour une certaine partie du genre humain, celle dans laquelle persiste l'équilibre organique et fonctionnel. »

D'autres sont incomplets au point de vue de l'organisation physique et mentale corrélative. Tout bons qu'ils soient durant le cours ordinaire des choses, envers les personnes, le moindre événement, la plus petite difficulté, les montre insubordonnés, violents, faibles d'esprit au fond, avec peu ou pas de sens moral; et cela dure toute leur vie quel que soit le luxe des soins et de l'éducation donnés. Presque toutes les fois que le fait de ces mauvais instincts non modifiables se montre dès l'enfance, quand l'enquête héréditaire est possible, elle met en évidence des antécédents aliénés, épileptiques, etc. Il en est de même pour les criminels d'habitude, qui présentent une perversion ou une absence de sens moral; et on ne peut les modifier que dans les limites restreintes des changements que les remèdes et l'hygiène peuvent apporter à la constitution.

Combien pourtant ne voit-on pas d'hommes, d'un esprit libéral, mettre dans ces questions leurs préconceptions à la place des notions acquises par des renseignements certains dont ils ignorent encore l'existence? combien n'en voit-on pas agir sans le savoir dans le même sens que le cléricalisme, en mettant ainsi des fictions autoritaires à la place des démonstrations déjà faites?

Ces contradictions des plus flagrantes entre les principes et les actes tiennent encore à ce que rien, dans l'enseignement supérieur, ne montre les liens unissant ces questions à celles qui sont d'ordre intellectuel et historique; rien ne montre comment elles se développent parallèlement à chacun des progrès que fait la science. Ces contradictions tiennent à ce que les partis pris théologiques absolutistes sur ces questions font que tel qui continue toute sa vie à poursuivre les études de l'enseignement universitaire refuse d'accepter les acquisitions qui touchent à ces problèmes et s'étonne de ne pas voir ces partis pris considérés comme immuables.

Ce qui précède montre, comment l'instruction devient dangereuse, quand elle est purement métaphysique et à ces divers égards, alors même que s'y ajoute celle qui est dite religieuse. C'est celle-là qui donne réellement les demi-savants tant redoutés de bien des rhéteurs (qui pourraient se placer pourtant à côté de ceux qu'ils craignent) ; car cet enseignement néglige absolument, ou met au dernier rang, ce qui devrait représenter la principale moitié de notre instruction, c'est-à-dire les notions touchant à l'éducation morale et intellectuelle qui surgissent des enseignements scientifiques et esthétiques.

Alors même qu'à l'ignorance des notions s'ajoute la piété bienveillante, qui, par exemple, fonde les hôpitaux, celle-ci reste malfaisante quand elle les fait créer vastes et alors meurtriers, au lieu de les construire petits et disséminés, pour un nombre restreint de malades, comme le réclament en vain chez nous depuis longtemps les médecins compétents.

C'est ce même esprit qui mène ici l'administration à consacrer tous ses efforts pour faire deux pas en arrière lorsque la science en fait un en avant, ainsi que la reconstruction de l'Hôtel-Dieu de Paris en restera, durant des siècles, un exemple frappant.

Ainsi font ceux qui, pleins d'ardents sentiments de bonté la plus active, se réunissent en congrès pour traiter de la réglementation du travail des femmes, alors que l'instruction qu'elles reçoivent ne répond presque sous aucun rapport aux nécessités des travaux voulus par l'état social actuel, parmi ceux qu'elles peuvent faire. Ainsi font ceux qui demandent le rétablissement du mariage des prêtres avant de demander que les jeunes gens qui veulent se vouer à la prêtrise satisfassent au moins au service militaire, aussi bien que ceux qui restent laboureurs, ouvriers, avocats ou rentiers.

Déterminer l'origine réelle des souffrances à éteindre, telles quelles sont de notre temps, doit être fait avant tout lorsqu'on veut que des mesures efficaces soient prises dans ce but.

C'est cette instruction. à laquelle manque sa principale moitié, qui rend si nombreux ceux qui mettent d'autant plus d'assurance dans leurs affirmations que la connaissance de la nature propre des objets et des phénomènes gène moins les idées préconçues, à l'aide desquelles ils jugent toutes choses; préconceptions qui représentent le principal de ce qu'ils pensent être leur savoir.

Là est ce qui les éloigne de ceux qui, ne s'avançant qu'au nom des renseignements acquis et sachant qu'ils peuvent toujours être incomplets en quelque point, ne procèdent qu'avec la timidité qui implique la persévérance et la continuité des efforts et non l'absolutisme des affirmations.

Dans toute question d'ordre individuel et social le danger vient de ceux qui ne savent pas. Ce danger est d'autant plus grand que le nombre de ceux-ci est plus considérable. Ce nombre pèse sur la solution de toute question dans laquelle interviennent les masses, depuis celles des villages jusqu'à celles de tout un État. L'ignorance représente de la sorte une force avec laquelle il faut toujours compter et toujours prête à tromper les calculs, parce qu'elle est facile à détourner. Il faut en tenir compte comme d'une réalité sans action tant que certaines conditions d'activité manquent, mais qui de l'état d'inertie ou de résistance passe rapidement à l'état de force vive au moindre changement dans les circonstances qui la maintenaient inerte. Tel un rocher ne fait qu'agir par sa pesanteur tant que durent les conditions de son équilibre, mais interrompt toute circulation s'il tombe sur une route ou détruit par son mouvement les choses les plus longues à produire.

Combien aussi ne faut-il pas tenir compte, dans cet ordre d'événements sociaux, à mesure que leur plus grand nombre nous éclaire davantage, de tout un autre groupe d'esprits encore? de ceux qui, méconnaissant les données sociologiques précédentes n'acceptent la République, ou tout autre régime même, qu'en raison de ce qu'ils rattachent à cette forme de gouvernement la satisfaction de quelque intérêt matériel ou personnel; de ceux qui, dès qu'ils demandent des places, sont comme ils le disent *de la politique du moment.* Toutes formes qui, de calcul ou d'indifférence réelle, ne sont guère moins dangereuses les unes que les autres dès que survient quelque mouvement politique et dont il ne serait pas sans péril de faire abstraction.

Nuls ne sont plus criminels, par conséquent, que ceux qui, chargés de réduire de plus en plus l'étendue de l'ignorance, bien que faire disparaître absolument celle-ci soit impossible, la maintiennent pour l'exploiter à leur profit, c'est-à-dire aux dépens de la société même, ou simplement parce qu'ils sont amenés à cela par l'étroitesse et par l'absolutisme des vues que donnent des connaissances purement littéraires.

Comme entre toute supposition et la démonstration de la réalité, il y a un abîme difficile à franchir, il faut reconnaître, en effet, qu'il en est de bonne foi, parmi les hommes religieux, qui consacrent une partie de leurs efforts à mettre obstacle à l'institution de moyens d'enseignement en rapport avec l'état actuel des sciences. Beaucoup de ceux qui, administrativement, devraient avoir toute initiative à cet égard, restés étrangers à la manière dont les sciences ont renouvelé l'état de la plupart des questions relatives à l'instruction publique, mais restés accessibles à toutes les erreurs dont nous avons parlé, s'opposent à ce que rien soit changé ; car ce qu'ils ignorent les met dans l'impossibilité de comprendre, autant qu'il y a quelque chose à faire que ce qu'il y a à faire.

Sans développer tout ce que comporte ce sujet, il demeure certain que c'est de cet ordre d'idées que sortent les principes des enseignements sur la généralité des choses qu'on nous apprend, dès l'enfance, dans les églises et dans les écoles officielles.

Aussi, la plupart des phénomènes naturels, cosmologiques, biologiques et sociaux, qui se passent tous les jours en nous et sous nos yeux, nous sont-ils présentés sous des formes inverses de celles qu'ils ont réellement, en ce qui touche leurs causes et leur nature du moins. Là est ce qui fait que ce qu'ils sont et les conditions naturelles de leur accomplissement nous apparaissent comme choses extraordinaires, au fur et à mesure que nous saisissons leur réalité et que nous mettons ces réalités à la place des enseignements fictifs primitivement reçus. Ainsi est-il encore de tant des choses indiquées dans les chapitres précédents, que nous devrions savoir, parce que tous les jours nous en avons besoin individuellement ou dans nos relations sociales, et dont pourtant aucune ne nous a été apprise.

CHAPITRE XIV

CONSÉQUENCES DU MANQUE D'INSTRUCTION POSITIVE ET DE LA PROPAGATION DE NOTIONS RECONNUES FAUSSES.

La métaphysique ayant pour sujet les choses qui sont au-delà de la physique, c'est-à-dire au-delà des choses naturelles, il semble que celles-ci devraient avoir été étudiées avant d'aborder l'examen des conceptions abstraites que leur connaissance fait surgir. C'est la marche qui a toujours été suivie par les anciens jusqu'à Descartes et Leibnitz. Depuis lors les rôles ont généralement été renversés par beaucoup de ceux des lettrés qui se disent philosophes ; aussi leur métaphysique ne devient-elle guère autre chose qu'une série de conceptions fictives, qui ne concernent même souvent que le côté inutile des choses ; de là vient encore qu'il en est qui ne trouvent pas une métaphysique dans l'œuvre de Descartes. Ne sachant pas ce qu'il connaissait en physique, comment pourraient-ils comprendre sa métaphysique ?

Les préconceptions subjectives de la métaphysique de ceux qui parlent ainsi, et celles de la théologie mettent entre l'homme et les autres animaux un abîme qui n'existe pas; elles donnent formellement une personnalité aux manifestations phénoménales d'ordre organique et inorganique; elles donnent ces manifestations comme distinctes et isolables des conditions tant directes qu'indirectes de leur accomplissement.

Les vices d'une pareille éducation se manifestent tous les jours dans nombre des actions habituelles aux hommes aussi bien qu'aux femmes. Ils se manifestent surtout par ce fait qu'ils conduisent à donner plus de confiance aux dires des gens incompétents se prétendant inspirés, qu'à ceux qui, compétents et consciencieux par le fait de leurs études, exposent naturellement les choses telles qu'elles sont. Il en est ainsi particulièrement pour les questions d'ordre complexe, touchant à la biologie et à la sociologie.

C'est ce dont les médecins voient des exemples à chaque instant, en ce qui concerne nombre de problèmes relatifs à la santé et aux maladies. Au lieu de consulter à leur propos ceux que le savoir a conduits à devenir familiers avec l'opportunité dans l'action, ce sont ceux qui n'ont rien appris auxquels on se fie, bien que la maladie soit ordinairement la suite de ces conseils, et souvent la mort, s'il s'agit d'un malade.

La séparation absolue entre l'éducation des organes des sens par l'observation et l'expérience et l'éducation intellectuelle, est la cause de ce fâcheux état de choses; ne s'appuyant que sur des préconceptions abstraites ou fictives, cette éducation ne saurait à aucun titre donner les moyens de distinguer du charlatan celui qui est compétent.

A un autre point de vue, cette éducation est dangereuse en ce que, fondée sur des fictions non démontrables, telles que celles de la théologie, elle favorise au *summum* cette tendance à ne vouloir accepter que ce que l'on a d'avance supposé devoir être: à regarder comme absolument dangereux et devant être détruit tout ce qui, en paroles et en actions, ne répond pas à ces rêves. Nous avons déjà dit que les exemples en deviennent surtout fréquents aux époques de luttes sociales, parce qu'alors les notions qui devraient conduire à la prévoyance réelle des événements manquent au contraire absolument.

Des croyances de cet ordre dérivent, d'autre part, celles qui, non moins étroites ni moins absolues, font supposer que les corporations religieuses sont indispensables pour les soins à donner aux malades dans les hôpitaux. Ces croyances encore ne s'appuient que sur l'ignorance de ce qui a lieu à cet égard en Angleterre, en Amérique, en Suède, en Allemagne, en Autriche et dans tous les pays protestants. Dans ces contrées, ce sont des personnes laïques qui sont chargées des fonctions remplies par des religieuses et des religieux dans les pays catholiques. Or il est certain que les soins donnés aux malades y sont tout aussi attentifs, exacts, empreints de douceur et de condescendance à toutes les nécessités de la souffrance, que dans les hôpitaux de France où, comme à l'infirmerie de la Salpêtrière à Paris, des femmes laïques sont chargées de ce service.

Cette question, sur laquelle tant de personnes, du reste, sont si mal renseignées, a en elle-même assez d'importance pour que j'indique encore les faits suivants. Ils sont confirmatifs de ceux que j'ai observés dans les mêmes pays, en Suède et en Danemark, et ils ont l'avantage d'avoir été notés par écrit sur les lieux mêmes. Je les dois à M. le docteur Louis Fiaux, ancien interne des hôpitaux de Paris.

« Les hôpitaux généraux comme le grand hôpital de Munich, l'hôpital général de Vienne, la Charité de Berlin, concentrent tous les services cliniques de la Faculté de médecine, et comprennent même sur leur territoire, souvent comme à Gratz, à Berlin, etc., les instituts d'anatomie pathologique. Les hôpitaux municipaux ne sont destinés qu'à soigner les malades, sans aucun but d'enseignement.

» La situation des professeurs ordinaires (et des extraordinaires ayant des services) est naturellement un peu supérieure à celle des simples chefs de service; mais ils sont tenus néanmoins, de par leurs fonctions, à une assiduité exactement égale à celle de nos professeurs de clinique de Paris. Obligés de remplir les programmes universitaires, ils ne peuvent avoir et n'ont en effet aucun démêlé sur ces matières avec le directeur de l'hôpital ou l'administration hospitalière municipale; d'ailleurs, en ce qui concerne les crédits affectés aux laboratoires des services de clinique, ceux-ci sont naturellement prélevés sur le budget de la Faculté, et l'action de l'administration et du directeur se trouve donc assez limitée de côté.

» Mais ce qui aide au plus haut point aux bons rapports entre le personnel médical et la direction des hôpitaux, c'est que, dans *tous les hôpitaux de l'Allemagne* (États du Nord, du Sud et Autriche), *le directeur est non point un simple administrateur comme dans nos hôpitaux français, mais bien un médecin.*

» Tantôt cette place est confiée à un médecin jouissant d'une véritable réputation scientifique, mais ayant déjà passé l'âge de l'activité; tantôt à un médecin plus jeune, s'étant occupé d'hygiène, d'administration, et, dans ces conditions, s'il y a des dissidences entre les chefs de service et le directeur, elles ne portent jamais sur des points principaux, et jamais les malades ou le service médical n'ont à en souffrir.

» C'est là un fait dont l'importance s'impose quand on s'occupe de l'administration intérieure de l'hôpital.

» Le directeur a la haute main sur les bureaux, l'administration, l'hygiène, la surveillance raisonnée de l'alimentation; mais les chefs de service conservent de leur côté indépendance et prépondérance dans leurs salles, et, s'il y a des mesures hygiéniques à prendre touchant le service, ces mesures sont prises en commun par les chefs de services et les docteurs-directeurs.

» Les hôpitaux des États de l'Allemagne du Sud, de l'Autriche et de l'Allemagne du Nord, présentent relativement à la question du service des malades dans l'intérieur des services médicaux et chirurgicaux, deux modes principaux : d'une part, dans les États du Sud et dans une partie des Facultés de l'Autriche, les services médicaux sont faits par des corporations religieuses de femmes, absolument dans les mêmes conditions que dans les services hospitaliers de Paris.

» En entrant dans le détail, nous citerons le grand hôpital de Strasbourg, où le gouvernement de l'Alsace-Lorraine a laissé subsister la corporation religieuse pour les soins à donner à tous les malades, ceux des services des professeurs allemands comme ceux des services des quelques médecins français restés dans ce même hôpital. L'hôpital de Strasbourg est actuellement une dépendance de la ville et de l'université; car il contient tous les services cliniques de la Faculté de médecine allemande.

» En Bavière, et notamment à Munich, l'hôpital général, où sont de même concentrés tous les services cliniques de la Faculté, a aussi pour administrer ses services et donner les soins aux malades des religieuses, lesquelles ont des attributions exactement semblables à celles de nos religieuses de Paris, c'est-à-dire qu'elles surveillent l'administration des médicaments, soignent les malades et ont sous leur direction un certain nombre de domestiques attachés aux salles; les hôpitaux simplement municipaux (non fréquentés par les étudiants), ont aussi ce même personnel religieux.

» En Autriche, les hôpitaux généraux dépendant des Facultés de médecine d'Innspruck (Tyrol) et de Gratz (Styrie), ont aussi des corporations indiquées ci-dessus; à Gratz, l'hôpital général est desservi par les sœurs de Saint-Vincent-de-Paul.

» En ce qui concerne les autres Facultés des provinces autrichiennes rangées dans les statistiques allemandes parmi les universités allemandes, *Vienne* et *Prague*, il n'en est plus de même :

» *Les hôpitaux généraux de ces Facultés, ainsi que les hôpitaux municipaux par exemple (à Vienne les hôpitaux Rudolph et Wiedner), ont remplacé depuis quelques années dans tous les services les corporations religieuses par des laïques, tant pour les soins à donner aux malades que pour ce qui touche à l'administration de la lingerie*, etc.

» Cette mesure a été générale et radicale dans ces deux grandes villes.

» Sans nous étendre sur la manière dont les sœurs des hôpitaux français soignent nos malades, point suffisamment connu et apprécié, nous disons que partout, dans tous les hôpitaux que nous avons visités, les chefs de service et leurs assistants (internes) ont été unanimes à louer la manière dont les dames *laïques* remplissaient leurs fonctions, dans les visites du matin, dans les visites du soir, pendant la journée, la nuit, les soins étaient donnés, la surveillance était faite avec un zèle et une attention dignes de tout éloge ; la soumission aux ordres du médecin et de ses assistants était entière.

» En ce qui concerne nos impressions personnelles à Vienne, à Prague, comme à Berlin, c'est-à-dire dans les pays catholiques comme dans les pays protestants, nous avons été de même frappé de la bonne tenue des *dames laïques*, qui remplacent les religieuses dans les services, de leurs soins dans l'aide donnée au chef de service ou à son assistant. A Prague, par exemple, pendant les vacances de Pâques, les étudiants étant absents, nous avons remarqué l'intelligence des soins et l'adresse en même temps que la docilité des personnes qui, dans les services chirurgicaux aidaient les assistants dans les pansements les plus divers, simples ou compliqués.

» Les corporations israélites ne sont appelées à desservir naturellement que des maisons de santé ou des hospices de fondation privée, et encore les grands hôpitaux israélites, comme l'hôpital Rothschild à Vienne, sont desservis par des femmes, lesquelles sont naturellement israélites, mais laïques.

» Dans l'Allemagne du Nord, en Prusse, par exemple, en Saxe, des corporations protestantes religieuses existent, mais elles ne sont que rarement employées comme nos corporations françaises dans les hôpitaux généraux ou de Faculté et dans les hôpitaux municipaux. C'est ainsi qu'à Berlin, l'hôpital Béthanien placé sous la protection particulière du roi et de la reine de Prusse actuels, est, avec un autre hôpital de la ville, seul desservi par des *diaconesses*, sœurs de charité protestantes, tandis que la Charité, ou l'Hôpital général, qui concentre tous les services cliniques de la Faculté de médecine (chaires de clinique) et les autres hôpitaux de Berlin sont desservis par des personnes laïques (1).

» A Berlin, l'hôpital catholique est naturellement desservi par des corporations catholiques.

» D'ailleurs, dans l'Allemagne du Nord, nous le répétons, à Leipzig, à Halle, Iéna, Marbourg, Giessen, Bonn, etc., les hôpitaux généraux ou de Faculté ne possèdent pour le service des malades que des dames laïques (ainsi également sont les choses dans la maison municipale de santé de Paris).

» C'est expressément l'*insoumission* des corporations religieuses, à l'égard des chefs de service, les assistants et les directeurs d'hôpitaux, qui a amené à *Vienne* et à *Prague* l'expulsion des corporations religieuses des hôpitaux de ces villes (2).

» Les corporations religieuses avaient primitivement, dans la plupart des hôpitaux autrichiens des fonctions très-étendues; non-seulement elles étaient placées dans les services près des malades, dans les lingeries, etc.; mais, chose singulière, elles étaient

(1) A la *Charité* de Berlin, nous devons cependant dire que les services des enfants sont desservis par des religieuses protestantes, — mais il n'y en a point d'autres (Fiaux).

(2) Ces renseignements nous ont été donnés par *M. le docteur Lorenzer, directeur de l'hôpital Wiedner*, un des principaux promoteurs de la réforme qui a substitué à Vienne et à Prague les laïques aux religieuses (Fiaux).

chargées de l'entretien de tout l'hôpital au point de vue de l'alimentation : la corporation avait en main le maniement de la plus grande partie du budget affecté à l'hôpital par la ville ou la province, servant ainsi d'intermédiaire entre la ville qui donnait le budget et les malades auxquels il était destiné. Une si étrange disposition amena des abus aussi nombreux que divers, en donnant aux différentes corporations une autorité vraiment trop grande dans l'administration de l'hôpital, une liberté trop absolue dans le maniement des fonds, par conséquent une responsabilité trop peu effective.

» La réforme, qui était devenue absolument nécessaire, fut fondée sur les trois griefs suivants :

» 1° Au point de vue économique, l'administration détestable; achats de toute nature absolument mauvais; le pain, la viande, le lait, les légumes, les vivres, en un mot, étaient de mauvaise qualité et achetés à des prix nullement en rapport avec leur qualité inférieure.

» 2° La situation omnipotente qu'une telle organisation avait donnée aux corporations dans l'administration des hôpitaux avait amené celles-ci à méconnaître toute espèce d'autorité, celle du directeur de l'hôpital comme celle des chefs de service et des assistants.

» 3° Enfin, des cas d'intolérance vis-à-vis de malades appartenant à des confessions autres que le culte catholique étaient signalés.

» Ce sont là les trois griefs qui motivèrent l'expulsion complète des corporations religieuses des hôpitaux de Vienne et de Prague.

» La gravité de cette mesure, prise dans un pays où le clergé catholique a, malgré de profonds changements politiques, conservé une grande influence, ne saurait échapper à personne.

» Ainsi que nous venons de le dire, l'expulsion des corporations religieuses a eu pour cause des raisons économiques, des conflits d'autorité et enfin nombre de cas d'intolérance religieuse.

» Cependant on doit dire, de l'aveu même des promoteurs de la réforme de Vienne et de Prague, que ces cas d'intolérance étaient relativement beaucoup moins fréquents dans les hôpitaux de ces villes que dans nos hôpitaux de Paris. Les motifs de cette modération relative sont faciles à comprendre : tandis que, en France, les sujets appartenant à des cultes dissidents sont, dans le pays comme dans les hôpitaux, une infime minorité, il n'en est point du tout de même dans une ville comme Vienne, où les personnes, suivant un grand nombre de cultes différents, affluent, tels que les juifs allemands, les juifs des provinces polonaises de l'empire autrichien, les juifs russes, les Grecs, les protestants de l'Allemagne du Nord, les Russes. On ne peut fréquenter les salles d'un hôpital viennois sans rencontrer nombre de sujets de ces différentes nationalités et confessions dans un même service, et il deviendrait difficile de montrer une partialité systématique envers ces malades.

» Renseignements pris, jamais dans les hôpitaux de Prague ou de Vienne, depuis qu'ils sont desservis par des laïques, un cas quelconque d'intolérance religieuse n'a été signalé. Les préoccupations d'ordre religieux n'existent pas dans les hôpitaux des pays protestants, comme ceux de la Saxe ou de la Prusse, les services étant desservis par des laïques (1). »

J'ajoute qu'à Londres ce sont des dames laïques, âgées de quarante ans ou au delà, qui sont chargées du service des malades dans divers hôpitaux.

« Dans les hôpitaux de New-York, dit le docteur Guichet, des femmes, un grand tablier blanc, fin et à bavette devant elles, font les petits pansements, encouragent et soignent les malades. Tout, dans ces petites salles, respire la propreté et la gaieté. Moins riches certainement que beaucoup de salles de nos grands hôpitaux, mais bien aérées et éclairées, elles semblent toutes joyeuses et ne rappellent

(1) Voy. L. Fiaux, *l'Enseignement de la médecine en Allemagne*. Paris, 1877, in-8°, p. 237.

pas au blessé qu'il est à l'hôpital, comme ces longues salles de cinquante à soixante lits, où le soir le patient, au milieu de tant de compagnons de malheur, se sent seul et glacé de peur, n'a, pour l'encourager, que l'aspect d'une austère coiffe de sœur de charité qui, glissant plutôt qu'elle ne marche, s'efface soudain dans la triste pénombre d'une tremblante veilleuse. Ici, l'aspect est tout différent, et la satisfaction et la gaieté doivent changer bientôt ces lieux de souffrance en lieux de guérison (1). »

Or il est de notoriété pour tous ceux qui ont vécu dans les salles de malades à toute heure, en tant qu'internes des hôpitaux de France, que les heures des offices changent plus d'une fois celles de la distribution de tel ou tel médicament, qui devait être donné à une heure dite. Il ne l'est pas moins que ceux qui sont là pour des affections des organes génitaux sont, dans la distribution des aliments, moins bien traités que les autres, que ceux surtout qui suivent ostensiblement les pratiques du culte catholique ; sans parler des humiliations peu justifiées que les congréganistes se croient de plus en droit d'infliger (2). Non pas que les personnes qui agissent

(1) Journal *l'Union médicale*. Paris, novembre 1876, p. 721.

(2) On remarquera que ces pages étaient imprimées avant que M. le docteur Després eût signalé au public, et non sans courage, comment l'intolérance des corporations religieuses et des aumôneries hospitalières, à l'égard des croyances des malades, ou plutôt

ainsi croient le moins du monde commettre un acte répréhensible en quoi que ce soit ; tant s'en faut ; ce n'est, pour elles, que soumettre à une juste pénitence celui qu'on juge l'avoir largement méritée et qu'on se considère avoir tout droit de punir doucement ici, pour faire songer à un jugement ultérieur bien autrement long et terrible. Une telle manière d'agir ne se produirait pas sans l'absolue persuasion de sa pleine justice et de sa complète innocuité.

Je ne fais allusion ici qu'à ce que j'ai vu ; mais chacun apprendra, en se renseignant près des médecins, qu'en province il y a plus encore à dire, sur la manière dont les choses sont menées dès que les congrégations dominent les Conseils d'administration, sur le rôle laissé aux médecins dans les questions de régime alimentaire des malades et surtout combien peu est favorisé ce qui sans nuire à personne peut être utile à l'enseignement.

Ainsi, qu'il s'agisse des religieux ou des laïques, les soins donnés tels qu'ils doivent l'être viennent de ceux qui sont bons ; de ceux en un mot chez qui

des mourants, avait gagné jusqu'à l'Administration supérieure des hôpitaux de Paris et suscité, de la part de celle-ci, la prise de mesures jésuitiques, à l'exécution desquelles le Conseil municipal a dû s'opposer. (Voir le journal *le XIXe Siècle*, nos du 15 et du 23 septembre 1876 qui mérite ce juste hommage d'avoir toujours montré avec fermeté où sont les abus et l'injustice, quels que fussent les dangers qu'il courait en présence de l'administration du 24 mai et de ses représentants qui durent encore).

les facultés altruistes offrent un plus grand degré de développement naturel et accru par l'éducation.

Il ne faut pas oublier, en effet, qu'une grande partie des soins effectifs sont donnés par les infirmières laïques que partout les religieuses ont en aide. Or parmi les unes comme parmi les autres on trouve d'admirables dévouements envers les malades comme on en a vu de la part des dames laïques durant le siége de Paris et la guerre; ainsi, les atttribuer au fait d'appartenir à une corporation religieuse serait aussi injuste que de soutenir, comme on l'entend faire parfois, que certaines corporations religieuses l'emportent sur d'autres à cet égard.

Au point de vue religieux, c'est pour sauver son âme, par la charité prescrite, que l'on se dévoue aux soins à donner aux malades et non par réel dévouement humain envers celui qui souffre. La preuve en est, parmi nombre d'autres, dans ce que j'ai cité et dans les mesures qu'a tenté de prendre l'administration envers les malades selon qu'ils étaient de tel ou tel culte; comme si dans de telles conditions les angoisses morales et sociales causées par là ne dépassaient pas en intensité les souffrances de la maladie.

Ce n'est pas être absolument excessif que de répéter avec Montesquieu ici et bien plus encore en politique qu'en bien d'autres circonstances : « La dévotion n'est qu'une croyance qu'on vaut mieux qu'un autre, et qui trouve pour faire de mauvaises actions, des raisons qu'un simple honnête homme ne saurait trouver (1). » Que croire en effet de ces protestations de droiture, de loyauté, de fidélité aux royautés légitimées par le temps et l'hérédité, devant des combinaisons de l'ordre de celle qui, le 10 mars 1877, a amené pour un vote anti-républicain, l'association des trois groupes monarchiques ennemis jusque-là.

Aussi, revenant à notre sujet, voit-on que nul de ceux qui partent des prescriptions religieuses pour se vouer aux soins hospitaliers, ne l'emporte sur les autres si ses facultés de bienveillance ne sont en même temps très-développées. De là vient encore du reste que le catholicisme n'a pu faire que le nombre des femmes qui ne nourrissent pas leurs enfants soit moindre parmi celles qui l'adoptent comme religion et suivent les pratiques de son culte que parmi les Protestantes ou les Israélites.

A un autre point de vue, les convictions théologiques n'ont pu, encore une fois, diminuer en quoi que ce soit le nombres des croyances superstitieuses, manifestement les plus fausses et ridicules, que l'on voit pourtant guider tous les jours encore bien des

(1) Montesquieu, *Œuvres posthumes.* Paris, 1798, in-12, p. 156, 158.

personnes dans les actes les plus habituels. Telles sont la croyance à l'influence du nombre 13 sur la durée de la vie des assistants à une réunion, du vendredi ou de la corde de pendu sur la production des événements, et tant d'autres inepties qui, quelque ridicules qu'elles soient, et quelque singulier que cela paraisse, servent pourtant de guide dans leurs actions à un plus grand nombre de personnes que l'on ne le saurait croire, hors de la pratique médicale.

Il y a là tout un ensemble de superstitions hétérogènes qui viennent, en tant que mobiles de nos actions, remplacer des croyances théologiques manifestement usées, malgré les apparences et malgré la conservation d'un culte extérieur.

Ces croyances sont même tombées à ce point qu'il est bien des personnes qui ont entendu plus d'un paysan dire n'aller à l'église que pour éviter toute dissidence entre lui et son curé; il n'est personne qui n'ait constaté que la moralité de ceux-là n'était en rien moindre que celle de tous les autres; que par conséquent ils appuient leur morale sur des notions autres encore que les croyances théologiques. Il est bien certain aussi que les manifestations intellectuelles et instinctives de l'ignorance signalées plus haut sont au moins aussi répandues dans les classes qui se disent éclairées et dirigeantes que dans le reste de la population.

Ici, le danger devient plus grand encore parce qu'à ces superstitions restent associées les données religieuses absolues, qui, une fois acceptées, ont ce côté séduisant qu'elles font penser à ceux qui les adoptent, que cela fait, leur siége est fait, et pour toujours. Désormais nul de ceux-là ne veut que quoi que ce soit touche à ses croyances, et ne vienne les déranger en rien; chacun regarde comme un devoir de s'opposer à toute notion nouvelle donnée par l'expérience qui viendrait en montrer le peu de solidité; comme un devoir aussi de traiter en ennemi quiconque par des observations continues, fait acquérir ces notions.

D'après M. Joseph Garnier, « le défaut capital des *classes dirigeantes*, c'est leur ignorance, et singulièrement leur ignorance en économie politique. C'est faute de savoir l'économie politique, qu'aux erreurs du socialisme la bourgeoisie n'a pu opposer le plus souvent que d'autres erreurs tout aussi graves et aussi dangereuses (1). »

Cette vérité n'est pas applicable seulement à ce qui touche l'ignorance de ces classes en économie politique.

Ce n'est en effet pas seulement au point de vue des intérêts individuels qu'il importe de voir lier les connaissances de cet ordre à celles des enseigne-

(1) *Journal officiel*, 1876, p. 2210.

ments supérieur et professionnel. Ce doit être surtout pour un but d'intérêt social; c'est-à-dire pour diminuer la fâcheuse influence qu'a l'ignorance des classes et des corporations administratives sur l'introduction et la diffusion des applications aux besoins du plus grand nombre, de tant de progrès accomplis à chaque instant par les sciences et les arts.

Il faut s'être trouvé directement aux prises avec ces questions, pour savoir jusqu'à quel point toute cette partie de l'économie de la vie sociale se trouve retardée par ceux qui ne voient pas que cette méconnaissance de ce qui caractérise et constitue la véritable nature de l'activité humaine devient ainsi la cause de l'oppression lente qui pèse sur ceux qui regardent plus en avant qu'en arrière; car ici chaque fonctionnaire ne veut à aucun prix être dérangé dans ses préoccupations personnelles. dès l'instant où ce qu'il a vu jusque-là a pu suffire pour l'amener à être ce qu'il est présentement.

Ce ne serait pas trop exiger à la fois de l'éducation et de l'instruction d'un administrateur qu'elles puissent au moins, par exemple, ne pas le rendre indifférent au chiffre de la mortalité dans les hôpitaux ou dans l'armée comparativement au reste de la population; qu'elles le missent à portée de comprendre que, même au point de vue économique, toute mort survenue avant l'âge où l'homme et la femme cessent de produire dans l'ordre de leurs facultés coûte matériellement un surcroît de dépenses d'argent et d'activité à ceux qui survivent; etc. Cela saisi, peut-être les verrait-on tenir plus de compte de l'expérience des médecins pour ce qui concerne la construction des hôpitaux, les soins à donner aux enfants malades et surtout aux femmes en couche; peut-être alors ne verrait-on plus se reproduire le faux calcul qui consiste à refuser aux médecins des hospices quelques médicaments, et même certains aliments exigés par le traitement de diverses maladies en raison de ce qu'ils sont coûteux, ou encore parce que le règlement n'a pas prévu la possibilité de leur emploi.

Peut-être alors pourra-t-on faire comprendre que dans les écoles militaires où se forment des officiers chargés plus tard de diriger les services et les soins hygiéniques correspondants des bataillons, régiments et corps d'armée, un enseignement biologique approprié devrait être donné au même titre que tous les autres.

Toutes choses agricoles, industrielles, commerciales, scientifiques, etc., étant en voie incessante de progrès, alors qu'en administration il n'y a pas progression correspondante, chacun ici se trouve bientôt absolument arriéré de par ce fait. De là cet autre fait que l'on a pu dire sans trop d'exagération que le propre du fonctionnaire officiel est de se défier des hommes compétents, sur chacune des questions particulières que soulèvent ces progrès; alors que le bien serait de leur déléguer, sous leur responsabilité, les pouvoirs nécessaires pour l'exécution de tout ce qui concerne l'application des choses voulues par les progrès de chaque jour.

De cet état intellectuel vient aussi la tendance opposée qui conduit si souvent tel fonctionnaire à vouloir toujours un retour en arrière en prenant comme moyen, le gouvernement de combat et pour armée la ligue des gens de bien et d'ordre moral. De là pour notre pays non des empêchements absolus, mais des retards sans nombre, lui causant les maux les plus graves, par la persistance d'un trop grand nombre de points d'infériorité sous ce rapport à côté des autres nations.

La détermination exacte de la véritable nature de l'activité humaine a pour résultat de conduire à satisfaire avec opportunité aux nécessités de tous les jours, dans chacun des cas particuliers que fait surgir cette activité. Au contraire, les résultats précédents sont la conséquence de l'obstination de certains hommes à vouloir résoudre par avance toutes les difficultés sociales qui se présentent, à l'aide de systèmes pourtant déjà déchus. Tout échec à leur absolutisme est alors considéré comme le résultat de conspirations criminelles, qu'ils supposent ourdies par ceux qui cherchent à déterminer comment *chaque événement, dès qu'il est accompli, en changeant les conditions d'activité qui existaient la veille, devient la condition d'accomplissement de nouveaux actes sociaux*, et qu'il est possible de prévoir la direction de ceux-ci.

Là aussi est la source de bien des difficultés que présente la prévoyance en sociologie comparativement à la précision qu'elle peut avoir dans les autres sciences. Là est la raison qui fait qu'entre certaines limites, en ce qui concerne l'avenir, la sociologie est toujours à l'état de balbutiement, comparativement aux autres sciences qui ont dépassé depuis plus ou moins longtemps cette phase évolutive.

Mais ici, comme partout ailleurs, plus même, peut-être, le critérium du savoir est l'opportunité dans l'action, qui par les résultats auxquels elle conduit montre la justesse et le vrai de la prévision qui en a été le mobile.

Et encore, de ce qui précède vient que quiconque n'a pas suivi régulièrement la succession des actes accomplis, quiconque veut reprendre et mettre en œuvre, un jour, les vues et les mesures qui étaient convenables quelques années avant, se trouve être arriéré et rétrograde, par ce fait même, à côté de ceux qui ont continué leurs efforts.

Ces données et déjà ce seul fait que chaque phénomène social devient une condition d'accomplissement d'actes nouveaux, souvent inévitablement autres que ceux qui se sont produits, sont autant de choses qui montrent pourquoi si souvent il y a tant de différences entre les principes politiques rationnels et leur application de tous les jours; pourquoi, en d'autres termes, une théorie ne peut être rigoureusement appliquée telle qu'elle a été conçue. Mais par là aussi se fait sentir la nécessité d'un guide doctrinal donné par l'enseignement supérieur et destiné à éviter les déviations qui surviennent dès qu'alors on cède à l'intervention incessante des besoins et des sentiments.

A ces divers égards, on peut dire que la sociologie nous mène ici à constater ce fait admirable que la constitution et l'évolution des sociétés est une manifestation de l'existence et du mouvement d'un système équilibré, mais d'un équilibre instable; système dans lequel tout dérangement tend au retour vers un certain mode de stabilité dès qu'il dépasse une certaine limite.

En France, à l'époque actuelle même, la fondation et le maintien de la République ont lieu malgré tous les efforts déployés pour que les républicains soient écartés de ses ministères et surtout des administrations départementales. L'instabilité qui en résulte pour l'ensemble retarde ses progrès, mais n'empêche pas d'une manière absolue le mouvement du système ainsi équilibré. Ce qui se passe là montre que l'existence de cette forme de pouvoir non héréditaire est subordonnée à des conditions de constitution intérieure de son peuple et de relations avec les autres États, qui sont plus générales et plus fermes que celles qui sont représentées par les sourdes combinaisons de quelques habiles.

S'efforçant de renverser le gouvernement qu'ils disent servir, proclamant l'innocuité d'actes dont l'influence perturbatrice est évidente pour qui sait observer, toute sourde et tenace que soit cette influence, ils n'arrivent pourtant de plus en plus qu'à n'être que la dupe de leurs propres spéculations.

C'est qu'en effet « la conscience que le gouvernement et la majorité apportent à l'étude des questions à résoudre, fait un heureux contraste avec l'impudente comédie jouée par la coalition des droites. Bonapartistes et légitimistes ne voient dans ces graves résolutions, d'où dépendent le repos et la prospérité du pays qu'une occasion d'intriguer contre le gouvernement. Ils feignent de désirer ardemment l'élection des maires par les communes, qu'ils ont repoussée comme l'abomination de la désolation, toutes les fois qu'ils ont occupé le pouvoir. Plaçant toujours leurs intérêts de parti avant les intérêts du pays, ils laissent trop voir combien l'anarchie, qui serait la ruine de la nation, est désormais leur seule espérance (1). » C'est là, du reste, un côté assez important de la question pour qu'il y ait lieu d'y revenir plus loin.

La nation est mieux renseignée, en fait, grâce au désir qu'elle a de se relever, en face des autres peuples, par le travail matériel qu'elle veut fonder sur le calme du développement intellectuel, que ceux-là ne le sont par ces conspirations; trop de finesses dans leurs ruses les conduit à s'embarrasser dans leurs propres filets, mais toujours malheureusement aux dépens du public, qui par conséquent a tous droits de s'en préoccuper et a surtout le devoir de le faire sérieusement et avec persévérance. Ce but auquel tend l'humanité entière, lui donne des visées plus hautes qu'à tous ces meneurs, en qui elle a si mal placé sa confiance, en les croyant guidés au moins par des notions de stabilité gouvernementale et d'ordre social.

D'autre part encore, si la bonté ne nuit pas à la clairvoyance (Renouard) personne n'a plus appliqué

(1) *Courrier de l'Ain*, 1er juillet 1876.

cette doctrine que la République qui, pour serviteurs, a accepté tous ceux de l'empire, ceux à qui tous les moyens sont bons en dehors de tout sentiment de patrie, jusque dans les plus hauts rangs de l'administration et de la magistrature.

Or, pour récompense de cet accueil, elle est incessamment desservie par eux, contrairement à ce qu'impliquerait l'accomplissement des devoirs sociaux les plus élémentaires, ou tout au moins à la plus petite difficulté politique ils se montrent prêts à se retourner contre elle et nullement à courir le moindre risque dans l'intérêt de la chose publique.

Ce sont des détails minimes, disent-ils, que ces manières de faire, et c'est envisager les questions par de bien petits côtés que de s'occuper de ces mesquineries individuelles. Il n'en est rien. Il y a là tout un ensemble de conditions du fonctionnement social, qui par cet ensemble même ont une importance capitale bien connue de ceux qui les exploitent en dissimulant cette importance; autant vaudrait dire que les soins de propreté ne comptent point parmi les conditions exigées pour le maintien de la santé.

CHAPITRE XV

DES APPLICATIONS DE L'ENSEIGNEMENT SUPÉRIEUR A L'ADMINISTRATION.

La méconnaissance de la nature réelle des phénomènes sociaux et des lois que suit leur cours naturel, qui n'est pas rare chez les magistrats qui devraient le mieux s'en pénétrer;

La méconnaissance des mêmes choses, de la nature réelle des phénomènes et des objets agricoles, industriels, commerciaux et financiers de la part de bien des administrations ministérielles et préfectorales;

Telles sont, vues dans leur ensemble, les causes qui, sciemment ou non, rendent indifférents sur l'opportunité des décisions à prendre, et subordonnent tout en cela aux intérêts de personnes, aux préjugés rétrogrades de dynastie, de noblesse ou de famille.

Ces conditions dans lesquelles se trouve notre pays, sont au fond les effets d'une continuation de la rétrogradation qu'a commencée Napoléon dans ce

13.

côté essentiel de sa vie politique où, reniant son origine démocratique et la cause de la Révolution qui l'avait grandi, il a voulu appuyer son absolutisme individuel sur la reconstitution des institutions dynastiques et sur le mépris des nationalités. Ce qu'en dit Lamartine ne saurait trop être rappelé.

« Cet homme survient; il arrête le mouvement révolutionnaire, *précisément au point où il cessait d'être convulsif pour devenir créateur*. Il se fait lui-même réaction contre une liberté qui commençait déjà à réagir par elle-même. Il s'arme de tous les repentirs, de tous les ressentiments, de toutes les apostasies qu'une révolution sème toujours sur sa route.

» Il écrase la liberté naissante avec les débris mêmes de tout ce qu'elle a renversé pour éclore; il se fait un ancien régime avec les choses et les noms d'hier; il fait rétrograder la presse jusqu'à la censure, la tribune jusqu'au silence, l'égalité jusqu'à une noblesse de plébéiens, la liberté jusqu'aux prisons d'État; la philosophie et l'indépendance des cultes, jusqu'à une religion d'État, instrument de règne, jusqu'à un sacre, jusqu'à l'oppression et à la captivité d'un pontife.

» Il *étouffe partout en Europe l'amour et le rayonnement pacifique des idées françaises* pour n'y faire briller que les *armes odieuses de la vio-*

lence et de la conquête. Quel est le résultat final de ce drame à un seul acteur?

» Un nom de plus dans l'histoire; mais l'Europe deux fois à Paris; mais les limites de la France resserrées par l'inquiétude ombrageuse de tout l'Occident désaffectionné; mais l'Angleterre réalisant sans rivale la monarchie universelle des mers, et, en France même, *la raison, la liberté et les mœurs retardées indéfiniment par cet épisode de gloire*, et ayant peut-être à marcher *plus d'un siècle pour regagner le terrain perdu en un seul jour :* voilà le Dix-huit Brumaire (1). »

On comprend que dans l'état actuel des choses, il y ait lieu d'examiner quelques-uns des côtés par lesquels l'administration qui est encore d'organisation bonapartiste se prête moins aux efforts nécessaires pour regagner le temps perdu. Je n'ignore pas que non-seulement les changements doivent en fait n'être opérés qu'avec beaucoup de prudence, mais qu'il ne faut en parler que prudemment aussi; les administrations comme les religions redoutent qu'on les discute, la discussion pouvant amener quelques risques de faire changer leurs procédés d'action.

Une fois acquises, les connaissances spéciales, techniques, touchant la nature même des choses à

(1) De Lamartine, *Lettre à M. Chappuys de Montlaville.*

diriger, la logique simple suffit comme guide sûr en administration et il ne faut pas croire à ces difficultés dont à entendre quelques-uns elle serait hérissée.

Mais rien n'importe plus que de voir l'enseignement supérieur dirigé de telle sorte qu'il conduise le plus grand nombre possible à posséder, par ces connaissances, les aptitudes voulues dès que survient quelque vacance administrative ou autre.

L'enseignement supérieur conduit à reconnaître que les progrès sociaux exigent dans chaque état l'utilisation de toutes les forces vives, la concentration dans tel ou tel sens de toutes les données qu'apporte sur une question le mouvement même des populations de cet état. Hors de là, tout reste stationnaire ou recule, alors que tout avance partout où le contraire a lieu.

Les nécessités administratives font souvent que des services différents, tels que les services hospitaliers et ceux de l'enseignement peuvent se trouver, comme en France, soumis à autant de directions étrangères l'une à l'autre. Si l'un de ces services fournit des documents utiles au bien de la nation alors qu'ils manquent à l'autre, la logique et le simple bon sens veulent qu'une entente s'établisse entre ces directions pour que rien ne soit perdu dans ce qui est utilisable, dès que nul intérêt privé ou public n'est lésé par ce fait.

Rien n'est plus frappant que cette entente dans les autres États, entre les services hospitaliers et ceux de l'instruction publique. par exemple. Rien n'est plus frappant que la supériorité qui en résulte pour l'enseignement comparativement à ce qui est en France et partout où comme ici, elle n'existe pas encore. Au contraire, rien n'est plus pénible à voir chez nous que la manière dont chaque service se cantonne et reste étranger aux autres; rien de plus triste dans toute administration qui tient dans ses services des documents utiles à l'instruction publique, que l'obstination avec laquelle on laisse les règlements ou l'usage se prêter si peu à l'accord nécessaire pour que ces forces sociales ne se perdent pas. Des fins de non-recevoir, la non-exécution des mesures opportunes, viennent à chaque instant rendre inefficaces les efforts individuels les plus dévoués aux progrès du savoir de notre pays. Le rôle de l'administration est d'administrer et non d'enseigner : tel est l'axiome sur lequel s'appuie cette manière d'agir; mais cet axiome lui-même ne fait qu'exprimer la méconnaissance de notions d'un ordre supérieur et pourtant faciles à saisir par tout esprit quelque peu éclairé. De son application résulte le maintien dans l'ombre des données dont chacun réclame la mise en évidence et dont l'ignorance pèse sur tous.

De ces réclamations il est tenu peu de compte du

reste, car cet esprit est permanent dans l'administration, qui veut qu'il y ait peu à s'inquiéter de la validité des plaintes et qui pense que tout va pour le mieux dès l'instant où chacun reste à sa place.

Or rien n'est plus dangereux politiquement; car, si souvent certaines de ces plaintes sont excessives ou prématurées et ne doivent en effet pas détourner l'esprit de son cours, il y en a toujours qui méritent examen.

En somme, on peut dire sans trop d'exagération, que là où il faudrait des connaissances donnant le plus possible des notions sociologiques, faisant le mieux comprendre ce qu'ont d'élevé et d'important à ce point de vue les fonctions administratives, il se trouve que c'est le contraire qu'on voit faire le plus souvent. Comme fréquemment aussi pour l'art militaire, c'est le côté empirique de la question qui dirige les choses. On y pousse ceux qui à côté de cela, désirent faire autre chose, ou n'y prendre qu'un appoint à leur aisance, si non encore ceux qui manquent du savoir acquis développant les qualités d'initiative voulues pour se faire une place dans les professions libérales indépendantes.

Tel ou tel degré d'intelligence même ne suffit pas ici; il faut encore le savoir qui seul se prête au progrès. Ne serait-il pas étrange de voir choisir les administrateurs qui ont à intervenir dans tout ce qui touche aux productions du sol, des industries mécaniques, physiques, chimiques, organiques, etc., parmi ceux dont l'instruction est insuffisante pour qu'ils puissent apprécier l'importance des découvertes qui s'y font chaque jour; pour qu'ils puissent voir en quoi ces découvertes réagissent sur les actes fondamentaux de l'économie sociale et par suite sur la politique, suivant que les impôts pesant sur telle ou telle matière forcent ou non les industries à se porter dans quelque autre pays.

L'influence qu'a l'ensemble des questions développées précédemment sur chaque événement politique montre qu'il y a là un côté de l'éducation concernant l'organisation des États qu'il faut éviter de négliger. Elle montre aussi quels sont les dangers de l'illusion de ceux qui voudraient voir faire la république par d'autres que par les républicains.

On saisit, d'après ce qui précède, par quelles de leurs faces l'instruction et l'éducation peuvent influer sur les manières de penser et d'agir, en montrant :

1° Comment toutes les choses dont l'administration s'occupe concourent à un but commun au progrès du pays dans lequel ces choses se passent;

2° Que ce but ne peut être atteint que par l'opportunité dans l'exécution des mesures à prendre et non par leur renvoi négligent et par insouciance, ainsi que cela survient souvent ;

3° Qu'il importe par-dessus tout que l'éducation montre comment le progrès est le développement de l'ordre, ou en d'autres termes que toutes les acquisitions des sciences qu'on ne saurait arrêter aujourd'hui, entraînent des modifications inévitables dans tous les arts, depuis l'agriculture jusqu'aux divers modes de l'administration.

Aussi voit-on ceux qui méconnaissent ce fait commencer par affirmer toute impossibilité, aussitôt que quelqu'un de ces progrès nécessite quelque changement dans ce qui existait, depuis ce qui touche à des règlements quelconques, jusqu'à ce qui concerne un autre mode de répartition des impôts. Ainsi voit-on, malgré la facilité (trop souvent exploitée par les habiles) avec laquelle notre nation se plie à tous ces changements, toujours repousser avec un effroi réel ou simulé l'idée de l'impôt sur le revenu ; et pourtant l'amélioration de l'état de la santé publique, la diminution de la mortalité, ce qui conduit toujours à l'accroissement des productions de tous les ordres, rendent de plus en plus pressante la nécessité de la suppression de toute taxe sur les aliments et sur le mouvement, c'est-à-dire sur les conditions essentielles de toute conservation et de toute élaboration.

En d'autres termes, les fonctions administratives exigent de plus en plus la possession des connaissances scientifiques et sociales de l'ordre de celles que doit donner l'enseignement supérieur, indépendamment des connaissances spéciales et professionnelles. Connaître les formules empiriques voulues, par lesquelles se libellent les décisions prises, ne saurait suffire.

J'ajoute que cette instruction doit être assez élevée pour qu'elle permette aux administrateurs de distinguer les choses de raison de celles de sentiment; de comprendre que par leur différence de nature l'instruction publique, qui tient à la raison, et les cultes, dérivant des sentiments, ne sauraient logiquement faire partie d'un même ministère; que la réglementation des croyances théologiques individuelles et de salut personnel ne saurait sagement non plus dériver des actions administratives, qui sont toujours plus ou moins imprégnées par le régime politique d'une nation.

Il y a là un fait de confusion de deux pouvoirs distincts dont l'inconséquence apparait lorsqu'un suicidé qui, théologiquement, devrait être inhumé civilement, est enterré religieusement, soit par influence administrative soit habituellement par simple décision ecclésiastique, comme on l'a vu à Paris en 1874 pour un Ministre, et en 1875 à Bordeaux pour un Conseiller à la Cour. L'inconséquence n'est pas moindre quand, lors des obsèques civiles par la volonté du citoyen, on fait exception aux règlements administratifs en ce qui touche telle ou telle des cérémonies exigées par son rang dans la société.

La séparation des questions d'état suivant leur nature propre est une marque de connaissances sociologiques. Leur confusion en est une contraire, ou dissimule quelques spéculations rétrogrades, dangereuses par les conflits qu'elles cherchent à susciter dans le but de faire croire au péril social.

Turgot a motivé ce qui précède d'une manière frappante, et M. Beurier (1) a raison de dire qu'il n'est malheureusement pas hors de propos de rappeler aujourd'hui ce qu'il écrivait il y a un siècle sur les enterrements civils. Voici comment il s'exprimait à ce sujet : « L'inhumation du corps, le plus ou moins de pompe (je ne parle pas de pompe sacrée), voilà ce qui regarde le magistrat. Les prières, les cérémonies, le lieu saint où doivent reposer les os des morts, voilà le patrimoine de l'Église ; il faut donc la laisser maîtresse d'en disposer ; elle ne peut accorder la sépulture qu'à ceux qu'elle regarde comme ses enfants ; vouloir la forcer à le faire, c'est l'obliger à traiter comme un des siens celui qu'elle a

(1) *Revue politique et littéraire*, janvier 1877, p. 681.

toujours proscrit; c'est envier au véritable fidèle un droit que lui seul peut avoir sur les prières des ministres de sa religion. Mais pourquoi ce refus de sépulture ecclésiastique serait-il déshonorant? Il ne prouve rien autre chose, sinon que celui dont on ne veut pas enterrer le cadavre ne pensait pas comme celui qui le refuse; et peut-on être déshonoré pour avoir eu une opinion différente? Ce déshonneur ne vient donc que de ce que la sépulture a été confiée aux seuls prêtres; le refus de sépulture ecclésiastique entraîne donc nécessairement le refus de sépulture civile. Celui qui ne pense pas comme son curé est traité comme celui que l'État a proscrit; l'hérétique, comme le voleur qui meurt sur la potence. Voilà la seule source de l'atteinte que les refus de sépulture donnent à la réputation. Pour en préserver les sujets, il n'est pas nécessaire de forcer les ecclésiastiques à enterrer les cadavres de tous ceux qui n'auront pas pensé comme eux. Ce serait une injustice de plus. La source du mal vient de ce que la sépulture civile et la sépulture ecclésiastique sont confondues : le remède est donc de les séparer (1). »

On voit nettement de quel ordre doit être l'instruction des préfets, par exemple, et jusqu'où

(1) Dans Alph. Jobez, *la France sous Louis XVI;* t. I, TURGOT (Paris, 1877), p. 81-82, et *Œuvres de Turgot*, t. II.

elle doit être poussée, afin qu'ils puissent exactement juger la compétence de ceux à qui doit être déléguée leur autorité, dans les cas où l'exécution de nombre de mesures vient l'exiger. On saisit encore quelle doit être celle des subordonnés, par l'intermédiaire desquels en fait tout s'exécute. Plus que tous les autres ils se trouvent en rapport avec ceux qui ont constaté les besoins réels de la majorité dans tous les ordres de mouvements sociaux. Par suite bien souvent les décisions effectives se trouvent ainsi remises aux mains des seconds, ce qui ne présenterait pas de grands inconvénients s'ils savaient autre chose que ce qui donne tout au procédé littéraire et rien à la réalité; il ne saurait en être autrement tant que celle-ci reste ignorée. Mais quelque isolés et localisés que puissent sembler ces faits, quelque puérils par suite qu'ils paraissent, la continuité de leur influence ne laisse pas que d'être un danger, sur lequel je reviendrai même plus loin. Il est par suite du devoir de l'État d'exiger des connaissances de celui dont dépend une solution, qu'il soit assez instruit de la nature des choses qu'il régit, pour prévoir les différences que peuvent présenter les conséquences sociales d'une mesure administrative, selon qu'elle est prise et exécutée d'une manière opportune ou non. L'exemple de l'Angleterre et de l'Amérique est là, du reste, pour montrer à quel point l'exactitude dans l'exécution par la rapidité de la mise en œuvre est la préoccupation constante des efforts de toutes les administrations publiques et particulières.

Peut-être alors verra-t-on se produire ce que les défenseurs de l'ordre moral n'ont pu encore obtenir, c'est-à-dire la cessation des abus qui en arrivent à être directement préjudiciables aux finances de l'État, dus à des fonctionnaires de tous les ordres que les hommes les plus modérés se sont vus forcés de signaler à l'opinion publique en ces termes :

« Cette nomenclature déjà trop étendue est loin d'être complète. Parmi bien des abus, nous avons dû en négliger beaucoup, au moins tout aussi frappants que ceux que nous avons signalés.

» Il est pénible de voir l'administration qui a pour charge l'application de la loi, qui, plus que personne est tenue à la respecter, en enfreindre l'esprit et la lettre d'une façon aussi formelle. Ce spectacle est dangereux au point de vue des critiques justifiées que l'administration s'attire ainsi par sa propre faute.

» Mais ce n'est pas tout : les abus que les états de logement viennent de confesser si naïvement ne sont pas les seuls. Il y en a d'autres qui méritent d'attirer votre attention davantage, s'il est possible, car ils révèlent un fait autrement grave, le manque d'exactitude des états de logements publiés par les divers ministères.

» Nous ne devons pas hésiter à le dire : les tableaux du budget relatifs aux logements des fonctionnaires sont incomplets, et n'indiquent que la moindre fraction des concessions faites.

» La preuve de cette affirmation nous est fournie par une publication faite en 1875 par les soins du ministère des finances, en vertu de la loi du 22 décembre 1873; nous voulons parler du Tableau général des propriétés de l'État (1). »

Qui ne sait pourtant qu'il est élémentaire partout, que pour faire de bonne politique, aussi bien que pour mener à bonne fin une guerre ou toute autre entreprise nationale, il faut que l'administration soit bien faite et honnêtement. Or la faire ainsi qu'il vient d'être dit n'est pas la bien faire. Ce n'est pas davantage bien administrer que de remettre toujours tout au lendemain, que d'émietter les affaires afin de se rendre indispensable ; ce qu'on obtient en déroutant par ces procédés les Ministres qui, pour agir, ont besoin de saisir les liens des affaires et d'en embrasser l'ensemble qui seul permet d'apprécier la valeur des détails. Pour plus d'un même, c'est

(1) Wilson, *Rapport à la Chambre des députés* sur les logements des fonctionnaires et des magistrats. (*Journal officiel de la République française*, 7 décembre 1876, p. 9030.)

bien agir que d'attaquer la République par ces détails d'exécution, dont les gouvernants ne peuvent s'occuper, surtout lorsqu'il s'agit de la province; c'est mieux agir encore que de profiter de cette impossibilité pour répandre comme officiellement des livres qui faussent l'histoire du XVIIIe et du XIXe siècles; que de faire exécuter les travaux matériels ou artistiques par ceux qui sont hostiles au gouvernement de préférence à tout républicain.

Aussi voit-on dans les détails les plus nécessaires les ministres inévitablement soumis à leurs bureaux qui les trompent, au lieu d'y trouver entre la direction, seule chose qu'ils puissent donner, et l'exécution, l'accord indispensable pour qu'il y ait effet utile et progrès. Les choses sont ici arrivées à ce point que le remède à ce mal ne peut être immédiat puisqu'il ne peut venir que de loin en loin des ministres eux-mêmes. Le remède ne peut venir que du dehors, que d'une action décentralisatrice, réellement supérieure, c'est-à-dire de celle que représente la volonté du plus grand nombre manifestée par les électeurs, qui ne devront désormais choisir dans toute élection que celui qui affirme nettement ses convictions républicaines au lieu de tergiverser.

Et que l'on ne croie pas qu'il n'y ait là que de simples assertions. N'a-t-on pas vu l'un des partisans les plus ardents de l'ordre moral, tel que l'entendent

MM. de Broglie et Buffet, M. le préfet de la Seine F. Duval, supprimer l'enseignement des maladies mentales à Paris? Puis après des fins de non-recevoir inqualifiables en réponse aux réclamations de la Faculté de médecine, il a fallu même des efforts répétés pour que le Ministre, M. de Marcère, parvienne à le rétablir. On ne trouverait nulle part en Europe, depuis trente années, un tel exemple d'obscurantisme; le tout pour en arriver à ce seul résultat, qu'il a été impossible aux médecins français d'étudier les maladies mentales pendant les années 1875 et 1876 et que les étrangers venus à Paris pour suivre ces enseignements, sont retournés aux écoles des autres pays, y avertissant que désormais il était inutile de se rendre en France pour y perfectionner son savoir. Or, notez que la loi de 1838 veut très-justement que l'administration ne considère comme dément, que celui qui a été reconnu tel par les médecins désignés par elle pour ces fonctions; fonctions difficiles et délicates parce qu'elles exigent les observations et les comparaisons attentives que précisément a voulu supprimer l'administration préfectorale de Paris.

Y a-t-il quelque fait plus singulier que de voir administrativement trouver immoral dans notre enseignement supérieur, ce que les Guizot, Villemain, Royer-Collard, Esquirol, Ferrus, Falret, Voisin,

Calmeil, Andral, Chomel, Rayer et tant d'autres ont montré non-seulement ne pas être immoral, mais au contraire être une source de bienfaits pour les individus comme pour la société?

Quand viennent d'en haut ces hostilités sourdes, se manifestant par des mesures restrictives incessantes, ne s'appuyant que sur la méconnaissance des choses mêmes qu'il s'agit de faire progresser, que ne doit-on pas attendre des subordonnés?

On comprend que si je parle de ce sujet, c'est qu'il y a eu, de par cette suppression de cette partie indispensable de notre enseignement supérieur, une telle risée des étrangers compétents contre la faiblesse et l'abaissement des vues de notre gouvernement, qu'il y aurait connivence si l'on passait sous silence aussi bien les actes de ce genre que les tendances qui en ont été le mobile. En présence, en effet, de cette résistance qui, pour être passive, ne perd rien de son caractère insultant envers les hommes compétents, dont ici les avis sont restés méprisés, comme si souvent en cas pareils, il importe de ne rien omettre.

Si maintenant l'on aborde un autre ordre de ces questions, la nécessité de la participation du plus grand nombre possible d'individus aux délégations politiques et de la non-cumulation sur une même tête de plusieurs de cet ordre de fonctions publiques, se montre des plus évidentes. Toutes ces fonctions doivent être données, non d'après des règlements d'un pouvoir autocratique, mais d'après le vœu des participants et la volonté consciente des votants. Par l'obtention de ce progrès dans l'éducation sociale nous verrons diminuer la peur qu'on a des meetings en France. Ceux-ci, du reste, seraient utilement préparés et même rendus souvent peu nécessaires en autorisant les Conseils d'arrondissement et les Conseils généraux, ou au moins ces derniers à discuter les questions qui lient les intérêts départementaux à ceux de tout le pays, dans une ou plusieurs réunions, après la clôture des séances destinées à l'étude des questions d'intérêt départemental. Les terminer par l'émission de vœux politiques devrait être de droit. Dès lors et par ce moyen, sans aucun danger pour les affaires locales, se formeraient de plus en plus des hommes que cette éducation expérimentale rendrait aptes aux affaires nationales, plus encore que la seule étude du droit ou que la richesse. On ne verrait plus, comme si souvent cela a été, des départements obligés soit de chercher, soit de se laisser imposer des représentants étrangers à leur contrée.

Faire que l'instruction générale permette d'accroître les attributions des assemblées électives locales en diminuant celles des agents directs du gouvernement, tel est le seul moyen d'arriver à une décentralisation réelle. Or la décentralisation est elle-même le moyen le meilleur de rendre un gouvernement bon et libéral; libéral, en permettant d'accomplir le nécessaire sans entraves, aussi promptement que l'exigent les circonstances; bon, en faisant que l'avis d'exécution parte le plus directement possible de là où est la compétence; bon, en déléguant la faculté d'exécuter, c'est-à-dire en chargeant des fonctions préfectorales et de leurs analogues ceux qui par cela qu'ils sont sur les lieux où il y a à faire, voient mieux ce qui est à faire que ceux qui sont choisis dans les administrations centrales. En d'autres termes, *locus regit actum*, et par là comme lorsqu'il s'agit du choix des hommes mêmes, disparaîtra sans doute la défiance envers les gens compétents qui, dit-on, est le caractère de toute administration centralisatrice, qui en tout cas est un des plus graves obstacles aux progrès politiques de la République. Là aussi peut être trouvera-t-on des préfets valant administrativement et surtout politiquement ceux qu'on tire des bureaux pour les envoyer en province.

A mesure que se formeront de la sorte des esprits éclairés peut être verra-t-on d'autre part diminuer la tendance qui porte en administration à croire qu'un homme se fait par décret; que l'un ou l'autre suffit pour remplacer l'antécédent, d'après cela seul que dans le cours naturel des sociétés un décret suffit pour qu'un homme succède à tel ou tel qui laisse une situation disponible.

Une fois remplies ces conditions premières et secondes de savoir et d'éducation, l'on verrait bientôt disparaître le préjugé, qui veut que la forme républicaine du gouvernement soit dangereuse, en ce qu'elle use trop rapidement les hommes politiques. La République, encore une fois, n'use rapidement que les hommes dont les connaissances en politique se bornent à celles d'un système absolu, empêchant ordinairement de comprendre que tout but atteint par un effort social, change par ce fait même les conditions antécédentes, et en constitue de nouvelles dont il faut observer l'effet; ce qui souvent oblige à des efforts nouveaux, dans telle ou telle direction.

Du reste l'exemple des royautés est là, pour montrer qu'elles usent encore plus vite leurs serviteurs en appelant toujours ceux qui mettent le plus d'obstacles aux nécessités qu'entraînent les progrès sociaux. A force de vouloir dissoudre, au lieu de les régir légalement, les groupes politiques dont ces progrès amènent inévitablement la formation, les monarchies finissent toujours par se dissoudre elles-mêmes, parce qu'elles méconnaissent que ce qu'elles veulent détruire est précisément devenu une condition nouvelle d'existence et de développement des peuples. Ces progrès finissent toujours par prendre le dessus, par renverser ces obstacles, c'est-à-dire presque aussi vite les monarques que les ministres. C'est ainsi que toute réaction est révolutionnaire, les entraves qu'elle met au progrès, au développement de l'ordre, causant inévitablement des révolutions.

Ainsi arrive-t-il encore pour l'opposition que ce même esprit de système fait aux travaux individuels qui peuvent le contredire. Les fatalités de l'organisation, font certainement que parmi les hommes qui se dévouent aux progrès scientifiques de tout ordre, il en est qui meurent avant d'avoir produit, ou durant la lutte qu'ils sont forcés de soutenir avant de produire; en somme, toutefois, ceux qui élaborent finissent toujours par l'emporter sur ceux qui vivent sans rien faire. Mais encore y a-t-il dépense d'efforts qui auraient dû être évités, là où l'opportunité dans le succès fait partie du progrès.

Répétons encore qu'en ces questions, la peur ne saurait servir de mobile, de point d'appui ou de départ pour l'accomplissement d'actes sociaux pouvant conduire à quoi que ce soit d'efficace. La peur n'est pas de la prévoyance; loin de là, elle empêche de juger.

Or, rien de plus frappant que de voir à quel point chacune des nécessités sociales les plus évidentes se trouve arrêtée, dans ses satisfactions les plus urgentes, par la peur de la chose nouvelle dont il s'agit ; peur de la part de ceux pour lesquels la source de ces nécessités reste ignorée aussi bien que les résultats, les conséquences et ce qui devra être fait pour les obtenir. Tout au plus ne trouve-t-on là que le scepticisme, qui en fait n'est qu'une des formes de l'ignorance ; soit celle des choses dont la connaissance apporte la certitude ; soit au moins celle de l'existence des lois qui montrent par quelle voie on peut arriver à la certitude avec plus ou ou moins de précision.

Tout ici est encore à reprendre par l'éducation et l'instruction graduellement répandues, de manière à éviter, par la prévoyance que donne le savoir, les craintes auxquelles l'ignorance nous laisse accessibles.

Rien de plus commun que de voir ceux qui ne redoutent ni les dangers, ni la mort menaçante, entravés dans les actions les plus simples, par la peur que donne l'ignorance de la nature des choses sociales de tous les jours et de leur cours naturel.

Le reproche d'aller trop avant, en présentant comme exécutables des applications, des progrès intellectuels dans les divers ordres de l'activité sociale, alors même qu'il reste à démontrer le fait par l'essai lui-même, est plus honorable que toute tentative de retour à des choses antécédentes, que l'histoire nous montre non renouvelables, malgré les efforts des réactions de tout genre.

Bien que la nation française, comme l'ont montré si souvent les obligations imposées par la défense nationale, soit la plus souple, c'est-à-dire celle qui se prête le mieux et sans murmurer aux changements d'habitude de tous les ordres, il n'est pas d'objections que ne soulèvent de tels esprits. Éviter qu'on en vienne aux essais, par lesquels on doit commencer pour avoir quelque certitude en toutes ces choses, là est le but de leurs efforts.

S'il s'agit de questions agronomiques ou industrielles, fort peu de ceux que la fortune met en position de vivre sans rien faire ne risquent quelques expériences; souvent même le dénigrement des hommes qui les tentent part au contraire de ceux qui devraient être les premiers à participer aux sacrifices exigés par tout nouvel essai.

Quand, au contraire, l'instruction est fondée sur l'observation et les données de la science, comme en plusieurs pays d'Europe, aux États-Unis, en Australie, etc., toutes ces tentatives et les créations diverses qu'elles multiplient se trouvent soutenues par les riches. Contrairement à ce que nous voyons ici chaque jour, les pères donnent ainsi à leurs fils l'exemple et l'obligation d'agir comme eux, au lieu de se préoccuper d'accumuler assez pour qu'ils puissent aussi vivre sans rien faire. Comme cela doit être, pleins d'affection et de soins pour leurs enfants tant qu'ils ne peuvent et ne savent rien encore, ils font tous les sacrifices voulus pour les conduire à connaître ce qu'exigent les conditions sociales dans lesquelles ils vivent, puis les poussent à user librement de leurs facultés, les abandonnant à leur propre inspiration et à leur activité, au lieu de les circonvenir indéfiniment pour ne leur laisser faire que ce qu'eux-mêmes avaient fait.

CHAPITRE XVI

C'EST A L'ÉTAT ET NON AU CLERGÉ QU'INCOMBE LE DEVOIR DE DONNER A L'INSTRUCTION ET A L'ÉDUCATION LA DIRECTION NÉCESSAIRE AUX PROGRÈS INDIVIDUELS ET SOCIAUX.

Tout ce qui précède est superflu pour ceux qui ont lu A. Comte; mais il n'en est point de même pour ceux qui se disent constituer les classes dirigeantes; d'autant plus que, de fait, ils ont encore grand pouvoir en ce qui concerne l'administration des moyens d'instruction et d'éducation. Qu'ils aient ou non étudié les sciences, selon eux, celles-ci ne nous ont rien appris, et je lis encore dans leurs écrits actuels des plus autorisés que la philosophie orthodoxe et l'animisme de saint Thomas d'Aquin doivent seuls régir la physiologie. Beaucoup soutiennent que la morale et la justice ne seraient que choses de pure convention pour les hommes qui cherchent les bases de ces institutions sociales dans une connaissance profonde de la nature humaine; aussi réprouver tout savant qui suit cette voie n'est-il qu'œuvre louable pour la ligue des gens de bien.

Et pour montrer que ce dire n'a rien d'excessif, pour connaître aussi le caractère et l'esprit qui dirigent les cléricaux traitant ces questions, il est juste que les documents soient pris dans les écrits d'hommes haut placés.

Voici, par exemple, comment est appréciée l'influence des doctrines scientifiques modernes sur la physiologie et la médecine par M. le professeur Chauffard, actuellement Inspecteur général des Facultés de Médecine (1); appréciation sur laquelle s'appuie aujourd'hui le clergé réclamant le droit de collation des grades pour les Facultés catholiques libres (2).

On comprendra que je ne reproduise pas les passages dans lesquels M. Littré et moi sommes pris à partie, et que je ne doive citer que ceux qui se rapportent à la question discutée, celle-ci étant tout et non les personnes.

« Je ne sais pas un ensemble d'idées, dit M. Chauffard, plus destructeur de toute vraie science, et plus particulièrement funeste à la science des faits vitaux, que celui que je viens combattre ici... Contre un tel enchaînement de sophismes et de préjugés... je

(1) E. Chauffard, professeur à la Faculté de médecine de Paris. *Leçon d'ouverture du Cours de pathologie générale*. Paris, in-8°.

(2) Voir les pages intitulées *la Liberté de l'enseignement supérieur*, dans le journal *la Décentralisation*. N° du 3 juillet 1876.

crois inutile de protester. Je me suis pris trop souvent à regretter les abaissements inouïs où demeurent plongées les questions de doctrine, je déplore trop la langueur actuelle des intelligences, dont la plupart semblent devenues impuissantes à penser, et qui, dans cette impuissance, ont contracté le mépris même de la pensée, pour que je ne tente pas un appel à des forces qui ne font peut-être que sommeiller.

» Parmi les tentatives de philosophie et de synthèse qui se poursuivent en ce moment dans notre science, il en est une, savamment et opiniâtrément conduite qui flatte d'incurables faiblesses, systématise hardiment les plus infimes préjugés, élève à la hauteur d'un dogme le mépris et l'abandon de toutes les questions vivantes, éternelles préoccupations des grands esprits, et fondements nécessaires de toutes les sciences. Je veux parler de la philosophie qui s'intitule positive, laquelle par des assauts incessants, s'efforce de se soumettre l'ensemble des connaissances biologiques. La science de l'être vivant semble à bon droit la plus importante de toutes les conquêtes : la secte nouvelle comprend que ce domaine assuré lui vaudrait bientôt tous les autres, et que la conception positive du monde appartient à qui possède la conception positive de l'homme. La philosophie positive s'est donc faite

essentiellement biologique et médicale : c'est à ce seul titre que je dois l'examiner ici. . . . .
. . . .

» Ce n'est pas sans amertume ni sans honte que je vais aborder ce nouveau sujet... Ici, plus l'ombre ni l'excuse de l'originalité, mais la longue suite de sophismes décrépits que le sensualisme répète, depuis le siècle dernier, devant des générations sur lesquelles il prélève un auditoire énervé, où le nombre compense les adhésions saines et viriles. Irai-je, après tant d'autres, frapper sur toutes ces corruptions de la pensée, et trouverai-je d'assez énergiques accents pour vous communiquer les étincelles d'un mépris que je ne pourrais dissimuler? Oui, peut-on se soustraire à un sentiment d'amertume et de honte quand on voit réfugiés et vivants parmi nous, que dis-je? acceptés par des savants d'une autorité incontestée, des préjugés intimes qui devraient être chassés depuis longtemps de toute pensée éclairée, de toute raison développée par la science et l'observation? »...

Les sophismes et les préjugés intimes auxquels M. Chauffard fait allusion, sont ceux qui consistent à soumettre au libre examen de la raison guidée par une seule et même méthode : 1° toutes les hautes questions que soulève l'observation de l'être vivant; 2° les problèmes dits de *philosophie pure* aussi bien que ceux de philosophie médicale; 3° ceux qui concernent l'âme et la logique, normales ou troublées pathologiquement, comme ceux qui touchent à l'encéphale et aux sensations.

Les données de cet ordre sont précieuses en la matière en ce qu'elles sont un exemple du style et des procédés adoptés par les adhérents du parti organisant ce qu'ils nomment des *universités catholiques* (1), quand ils parlent des hommes et des doctrines philosophiques que font surgir les progrès modernes des sciences; progrès auxquels du reste ils s'abstiennent généralement de participer.

Ces exemples ont surtout cet avantage qu'ils donnent une idée nette de ce que veut le clergé.

Ne pouvant convaincre, il cherche à faire peur, en faisant croire (2) que les idées modernes sont un péril social, qu'elles sont la cause de la guerre de 1870 (de celle du Mexique également, sans doute) et de la Commune, comme si cette sédition, qui pouvait être réprimée aussitôt, n'avait pas été une suite difficilement évitable du siége de Paris, tel qu'il a été (v. p. 119).

Par là, le clergé espère en revenir à séparer de

(1) Voyez sur cette désignation l'appréciation du journal *l'Union médicale*. Juillet 1876, p. 155.

(2) Voir M. l'évêque d'Orléans, *Où allons-nous?* Paris, 1876, in-8°; p. 7, 12, 19, etc.

nouveau le domaine de la foi de celui de la raison et, comme par le passé, ne laisser à la science que ce que voudront les dogmes affirmés par un chef, à cet effet déclaré infaillible. On laissera l'homme malade au médecin; mais tout ce qui dans l'homme est sain, social, c'est-à-dire humain reviendra au clergé. Rien de cela ne devra être soumis aux investigations que dirige la méthode positive; nul surtout ne devra se permettre de voir si les dogmes qu'on dit dater du commencement de l'ère présente ne dateraient pas de quelques milliers d'années plus tôt, ni si leur diffusion à la surface du globe est proportionnelle au pouvoir de pénétration qu'on leur attribue.

Là aussi est l'illusion cléricale ; elle prend pour l'histoire et l'humanité un point de départ autre que celui qui est réel, autre que celui que donne la science, l'anthropologie en particulier. Enseigner certaines données, à l'exclusion de certaines autres qui font tout aussi bien partie du savoir humain et sont tout aussi vraies que les premières, fausse l'intelligence dans un certain sens. Faire ainsi la subordonne inévitablement chez plusieurs (et chez tous pour quelques années au moins) à ces doctrines d'un autre temps; surtout quand s'y mêlent les choses qui touchent aux nécessités matérielles de tous les jours.

Le centre de ces doctrines se trouvant en un point de Rome, la notion de patrie disparaît pour ses adhérents; elle est dans un palais de Rome qui laisserait tout périr plutôt qu'un de ses principes et qui réclame par-dessus tout l'autorité matérielle et morale sans discussion.

Mais à ces divers égards les progrès de l'humanité, quelque lents qu'ils soient, éclairent le plus grand nombre, et ni les miracles ni les martyrs ne suffisent plus pour le ramener. *Nous avons des martyrs, donc nous sommes sauvés* devient de moins en moins vrai, et la persécution (quelles persécutions!) suffit de moins en moins aussi pour le succès et la gloire de l'Église.

L'illusion qui porte à croire que ces procédés suffisent, alors que les convictions s'éteignent, même chez les chefs que le côté matériel des choses préoccupe de plus en plus, fait que le catholicisme se réduit de plus en plus aussi à n'être que du cléricalisme; c'est-à-dire à user des procédés du christianisme sans croire à ses dogmes, ni mettre en pratique les règles de sa morale et de sa discipline intellectuelle. Là est ce qui des chrétiens fait des cléricaux et du cléricalisme un esprit de parti ayant ses allures et ses journaux comme tout autre parti; parti dont les actes déchristianisent les esprits éclairés et logiques, plus que toutes les notions sociologiques actuelles, présentées si souvent comme étant le *vrai péril de la société moderne.*

En disant *parti clérical* je n'attaque pas, je ne récrimine pas plus ici qu'ailleurs, et j'invente encore moins. Je constate l'étendue du développement d'un parti qui a été reconnu et défini nettement avec prévoyance et sagacité, il y a douze ans déjà, par un jurisconsulte éminent, ministre de l'Instruction publique et des Cultes, sénateur alors et encore sénateur aujourd'hui.

Voici ce que disait, en 1865, M. Rouland à la tribune du Sénat de l'empire :

« Je n'accuse point le Saint-Père.... A mon sens il est trompé par les intrigues, entraîné par les obsessions de ce que je nomme le *parti ultramontain.* Ce parti, il règne en maître souverain ; *il constitue une puissance occulte, mais réelle, qui dirige toutes choses* sous le nom de papauté.

» Pour quiconque étudie ce parti, — et *pendant longtemps j'ai vu de près ce qui constitue ses principes et sa conduite*, le parti ultramontain est l'ami de tous les hommes qui regrettent le passé et qui peut-être détestent le présent. Dans le monde religieux il usurpe, trouble l'administration des diocèses, pousse le clergé inférieur à passer par-dessus l'épiscopat pour ne plus voir que la papauté, sacrifie le clergé séculier, national, au clergé congréganiste, qui n'a de patrie qu'à Rome; il affaiblit, humilie l'épiscopat et veut le réduire aux proportions d'un simple vicariat.

» Pour ce parti, la liberté religieuse signifie la *suprématie absolue de la papauté*, la *négation du pouvoir civil*, la destruction des garanties de l'Église universelle, l'*asservissement du monde catholique.*

» Les doctrines de ce parti sont connues. Suivant lui, le pape est infaillible; il absorbe en lui les droits de l'Église universelle; il gouverne souverainement le monde religieux au nom de Dieu; il représente la divinité sur la terre; toute vérité tombe de ses lèvres; ses jugements sont irréformables, il lui appartient de *contrôler la valeur des institutions humaines*; les peuples et les rois sont soumis à son arbitrage. »

Et l'une des dernières phrases du discours de l'honorable M. Rouland était celle-ci :

» Pour moi, l'Encyclique de Pie IX ne tend qu'au but hautement avoué par Grégoire VII : *barrer le chemin à la civilisation moderne*, sous quelque forme qu'elle se présente. »

Ce dernier fait dont l'exactitude est plus évidente encore aujourd'hui qu'en 1865, implique inévitablement la nécessité de la laïcité de l'enseignement.

Or, qu'on le sache bien, la portée du savoir qui a conduit M. Rouland à cette prévoyance en dehors de toute malveillance quelconque, se juge par ce fait que les princes de l'Église avertissent les fidèles qu'on n'est pas catholique si l'on n'est pas ultramontain (1). Chacun pourra en trouver la preuve dans ce passage d'un mandement de M. le cardinal archevêque de Cambrai (février 1877) :

« Il fut un temps, dit-il, où l'on professait communément en France, relativement à l'autorité du pape, une opinion théologique à part. Elle était restreinte à notre nation et d'une origine assez récente. Le pouvoir civil en imposa l'enseignement officiel pendant un siècle et demi.

» On appelait alors gallicans, du nom de leur pays, ceux qui la professaient ; et, en France, on donnait à ceux qui la combattaient le nom d'ultramontains, parce qu'ils avaient leur centre doctrinal au delà des monts, c'est-à-dire au delà des Alpes, en Italie, à Rome.

» Aujourd'hui cette distinction entre les deux écoles n'est plus admissible. Il ne peut plus y avoir

(1) Voyez aussi d'autres notions de cet ordre, non moins importantes, dans les discours à la Chambre des députés de MM. Bardoux, Boysset, Guichard et Talandier. (*Journal officiel de la République*, novembre 1876.)

de gallicanisme théologique, depuis que cette opinion a cessé d'être tolérée par l'Église, et qu'elle a été condamnée, solennellement et sans retour, par le concile œcuménique du Vatican. *On ne peut plus être catholique désormais sans être ultramontain.* »

Tout ce qui se passe là, du reste, n'est qu'une vérification de ce que Montesquieu a prévu en montrant pourquoi « les ecclésiastiques sont intéressés à maintenir les peuples dans l'ignorance (1). »

Ceux qui ne savent pas sont trop faciles à tromper pour qu'il y ait quelque mérite à le faire ; aussi ceux qui prêchent l'ignorance ne peuvent-ils pas échapper au soupçon de quelque tendance à l'exploitation des simples.

Et de plus que croire de ce que dit ce parti quand il demande la liberté de l'enseignement pour contribuer au *perfectionnement de l'intelligence de la science et de la moralité humaines?* lorsqu'on entend un de ses missionnaires prêcher dans une église de la Savoie les doctrines que voici :

« Mes chers frères, a dit le missionnaire, les pères et les mères doivent apprendre la prière et le catéchisme à leurs enfants ; ils leur doivent aussi un état, et rien de plus. *L'instruction est superflue* et n'est

(1) Montesquieu, *Œuvres posthumes*. Paris, 1798, in-12, p. 157.

pas dans vos obligations; nous n'en faisons pas un cas de conscience. *Voyez les généraux des derniers siècles :* ils n'étaient pas instruits; ils marchaient au combat, le chapelet d'une main, l'épée de l'autre, et ils revenaient vainqueurs!

» Aujourd'hui nous n'avons que des traîneurs de sabre, des officiers de café, des saltimbanques; la guerre de 1870-71 le prouve. Ceux qui ont fait leur devoir, ce sont les aumôniers militaires, les frères de la doctrine chrétienne, les zouaves du pape; seulement ceux-là, et pas d'autres...

» Le progrès, l'instruction, qu'enfantent-ils? Des républicains, des Danton, des Marat, des Robespierre, etc. Aujourd'hui, où sommes-nous? Où allons-nous? »

M. Ch. Bigot ajoute avec raison que, « si un journal français, à quelque parti qu'il appartînt, avait parlé ainsi de notre armée, de nos généraux, de nos officiers, le ministre de la guerre aurait fait son devoir, et la loi à la main, il en eût demandé réparation à la justice; mais le ministre de la guerre est impuissant contre ces violences lancées du haut de la chaire chrétienne, celles mêmes auxquelles le caractère sacré de celui qui les profère donne le plus d'autorité. Il faut qu'il laisse dire, il faut qu'il laisse calomnier. Le vêtement qui affuble le calomniateur lui assure l'impunité.

» Le plaisant de la situation, c'est d'entendre le cléricalisme crier à la persécution. Ils ont toutes les libertés, toutes les sécurités, même celle de l'outrage. Ils jouissent de priviléges que nul autre ne possède, n'envie même, le droit de se mettre au-dessus des lois, de leur propre autorité; ils trouvent cependant que c'est trop peu encore; ils réclament la protection contre leurs adversaires; ils trouvent que le bras séculier manque d'énergie (1). »

Ceux-là donc ont pleinement raison, en face de pareils discours, qui pensent que ce n'est pas dans les églises que s'enseignent les principes d'une morale avouable. Ils ont plus raison encore de répéter avec Guizot :

« L'État est laïque, spécialement laïque; l'ordre temporel est son domaine; l'ordre spirituel ne lui appartient pas. C'est là, dans les sociétés humaines, un principe tutélaire de la justice, de la liberté et de la paix. L'État n'a ni mission ni droit d'enseigner et de faire enseigner en son nom la religion. Mais l'incompétence n'est pas l'indifférence : si la religion n'est pas de leur ressort, l'État et les pouvoirs qui le gouvernent ne doivent pas méconnaître la valeur morale et l'importance sociale de la religion; c'est leur devoir au contraire d'en tenir grand

(1) Journal *les Alpes* (janvier 1877), et Ch. Bigot dans le journal *le XIX*[e] *Siècle*, 29 janvier 1877.

compte et de faire à la religion sa place en proclamant sa liberté.

» Quand nous parlons des écoles consacrées à l'*instruction* primaire, nous tenons un langage incomplet et inexact ; ce n'est pas de l'instruction seule qu'il s'agit dans ces écoles ; on doit y apprendre autre chose qu'à lire, à écrire et à compter ; l'*éducation*, la discipline morale, est ce qu'on doit leur demander et en attendre (Discours d'avril 1872). »

Il y a mieux du reste encore à cet égard, et ce que le clergé veut, ce n'est pas la séparation de l'Église et de l'État, du spirituel et du temporel, de la religion et de la politique. Il a eu la direction de tout en ces choses, il veut tout reprendre ; car on peut le dire sans manquer de respect aux dignités élevées de M. Dupanloup, on le croit peu lorsqu'il s'écrie : *donnez-nous les âmes et gardez le reste* (1), lorsqu'on voit directement à quel point le temporel touche encore les serviteurs de l'Église. Il faut d'abord qu'il réduise à néant la part à la direction du monde spirituel que l'éducation scientifique a fait prendre aux laïques. État, famille, individus, doivent lui appartenir, il faut qu'il fasse les ministres, les officiers de tous grades, les magistrats, les administrateurs ; les avocats, les médecins sur-

(1) *Journal officiel de la République française*. 22 décembre 1876.

tout, allopathes, et homœopathes, chirurgiens et médecins des hôpitaux, des bureaux de bienfaisance, accoucheurs et médecins des enfants.

Dès que l'État prend en main l'intérêt général en ce qui touche l'observation, la démonstration et la mise en œuvre pour ce côté temporel des affaires sociales, le domaine de la foi et les 54 millions qui lui sont affectés, contre 49 millions réservés à l'instruction publique, ne lui suffisent plus. Le droit d'enseigner maintenu aux laïques fait des membres de l'Église des martyrs, et les ministres ne sont que des bourreaux dès qu'ils veulent que l'État qui les paye soit l'État et que, par suite, il conserve le droit légal de constater que l'enseignement a été donné, et le savoir acquis, de quelque part qu'il vienne.

Les lettres de M. Dupanloup et les discours de M. l'archevêque de Paris sont là pour le constater.

Pourtant, la science, ni les ministres ne louent ni ne blâment le clergé. Les recherches scientifiques donnent et répandent des convictions qui sont différentes de celles qui viennent d'une autre source, mais la science sait respecter toutes les croyances et leur accorder pleine liberté, sans en faire persécuter aucune. Les savants ne défont rien, pas même les religions ; seulement leur rôle n'est pas d'étayer celles qui se défont d'elles-mêmes, grâce à l'intolérance et à l'obscurantisme de leurs défenseurs. Ils ne demandent pour l'exposé de leurs laborieuses et utiles acquisitions qu'une liberté égale à celle qu'ont les catholiques pour leurs réunions et leur prédication. Ils pensent qu'il faut conserver les églises; mais ils pensent aussi que ceux qui n'ont pas besoin de ce qui s'y dit pour perfectionner leur intelligence et améliorer leur moralité ont pour eux tous droits de se réunir ailleurs pour y développer leurs idées et leurs sentiments, ou entendre ce qui peut les instruire.

Ils savent aussi bien que personne que la destruction est toujours une bêtise, s'agit-il des monuments grecs, romains ou musulmans, et souvent un crime. Mais d'autre part on ne peut empêcher de tomber les institutions devenues caduques et c'est une grave faute que d'empêcher de remplacer par mieux ce qui en elles s'est usé et par là disparait.

Ces fictions qui s'éteignent, dont on voudrait maintenir la croyance par des moyens plus ou moins oppressifs, et dans tous les cas jésuitiques, le positivisme propose de les remplacer par les interprétations sur la nature et le mouvement du monde que nous donne la science. Il montre qu'on peut le faire par la connaissance des vérités démontrées et démontrables dont le nombre va croissant, sans jamais rester stationnaires ni décliner; qu'on peut le faire en agrandissant le domaine de la raison, mais sans amoindrir en quoi que ce soit aucun sentiment bienveillant quelconque, ni esthétique figuré, poétique, musical, etc.

Pour retenir près du dogme, la beauté et l'élégance des monuments et de leur ornementation, le gracieux ou l'imposant des cérémonies, la richesse des vêtements et des objets du culte, les harmonies musicales pénétrantes, etc., sont des moyens sans aucun doute; mais lorsqu'ils finissent par rester, trop exclusivement, seuls représentants des croyances, c'est là un signe qui fait douter de l'efficacité mentale de celles-ci et de la nécessité d'apporter autre chose à leur place.

Le positivisme plus que toute autre doctrine, plus que bien des écrits catholiques, a mis en relief et en honneur ce que les peuples qui avaient passé par les civilisations grecque et romaine doivent au christianisme; car, la Russie exceptée, nul peuple autre que ceux-là, n'a jusqu'à présent été christianisé.

Déjà Turgot en 1750, dans un discours sur le progrès, mentionne l'évolution dite des trois états, c'est-à-dire le passage de l'esprit par les formes successives de la théologie, de la métaphysique et de la science positive. Cet éminent citoyen rattacha aussi le moyen âge à la chaîne de l'évolution sociale; il montra comment cette époque, mal comprise et tant décriée, avait contribué au développement non interrompu de la société en Europe, et comment, tout en donnant tête baissée dans l'ascétisme religieux et dans les excès d'une foi fanatique et cruelle, elle nous avait laissé dans les arts l'architecture ogivale, la peinture des vitraux, la musique d'Église; dans le commerce la lettre de change, dans l'industrie les horloges, les montres, les glaces, le papier; et dans la science l'aiguille aimantée, la poudre à canon, l'imprimerie. Dès lors, entre l'antiquité, dont la renaissance allait rappeler les nobles titres, et l'ère moderne vivifiée, se retrouve la parenté méconnue par ceux qui négligent l'étude des lois naturelles de la science et de l'histoire au profit des hommes qui se disent providentiels.

Auguste Comte a montré de plus que contrairement à ce qu'a soutenu Condorcet, ces religions ont toujours répondu à des nécessités mentales, contemporaines de leur apparition dans les sociétés, et ne méritent d'être combattues que là où leur caducité leur impose le devoir de disparaître après leur office accompli.

Aussi, il n'en coûte rien à la philosophie positive d'avouer que le christianisme a noblement introduit sur la terre le fécond dogme de l'universelle charité fraternelle, et que, imitant en cela le bouddhisme, il n'a pas en vain prêché l'amour entre les hommes, l'assistance au prochain, la charité aux faibles; mais il ne s'est pas élevé jusqu'au sentiment très-différent, qui est l'amour de la patrie et celui de l'humanité, sentiment qui relie chacun aux destinées de tous et voit dans le genre humain un seul être collectif, vivant de sa propre vie, nous donnant la joie de ses triomphes, la douleur de ses revers, un besoin de collaboration à ses efforts et une série continue d'émotions solidaires, de tous avec chacun et de chacun avec tous. Il n'a pas montré, comme l'ont fait Georges Leroy et ses successeurs, que ces sentiments sociaux ont leur source physiologique ou organique dans autant de sentiments individuels, dont ils ne sont qu'une manifestation généralisée; que les uns sont altruistes, sources de la bienveillance, de la bonté et de la justice; que les autres sont égoïstes ou de conservation personnelle, sources du mal et de l'injuste dès qu'ils sont excessifs; mais que cet excès ne se rencontre que sur le moindre nombre et n'est malgré son intensité qu'un obstacle temporaire aux influences humanitaires persévérantes des instincts altruistes.

« Notre place dans les mondes planétaires n'est plus celle que la tradition nous accordait. Elle est bien plus humble; ce n'est plus pour nous que les astres évoluent dans l'infini, l'atome humain ressemble à toutes les créatures que dédaignait son orgueil; mais l'homme n'a rien perdu, car une confiante adhésion à des lois fixes et permanentes lui donne une force qui défie l'arbitraire et le surnaturel : il trouve dans ces lois des garanties pour lui et ses descendants, et apprend d'elles une résignation impossible devant une Providence qui distribue le mal d'une façon plus large que le bien. Dénoncée comme subversive de la société et de la morale, la philosophie positive renvoie aux théologiens les accusations qu'ils profèrent. Elle prouve que ses prosélytes lui arrivent sans provocation, détachés qu'ils sont spontanément des anciennes croyances, affligés de leur isolement, découragés dans le vide de leur âme, et demandant à la science un refuge, une consolation, une espérance. Quelle que soit la complexité de l'histoire, en dépit des difficultés qu'elle présente aux investigations laborieuses qui cherchent le progrès, on y reconnait une incessante accumulation de procédés et de théories s'étendant à l'industrie, aux arts, à la morale et au bien-être collectif (1). »

Il n'est guère de découverte achéologique actuelle qui ne vienne confirmer ces données générales de l'histoire.

(1) E. Bourdet, ouvrage cité, p. 8, 12.

« Il faut d'ailleurs, ici, ajoute M. Bourdet faire la remarque que les religions, qui ne sont jamais en elles-mêmes ni fausses ni vraies devant la philosophie, ne constituent pas par elles-mêmes le régime appelé théologique.

» Les religions sont choses sentimentales et non pas rationnelles, surtout dans le début; de sorte, que le fétichisme, la zoolâtrie, l'astrolâtrie, n'ont pas fourni le vrai régime théologique, lequel, dans les religions avancées, tient sous sa dépendance les mœurs, l'éducation et la politique sociale. Le travail de l'esprit créateur de la théologie débute historiquement avec le polythéisme gallo-romain, et la durée de ce polythéisme, jusqu'à la synthèse monothéiste, fut pour l'humanité aussi glorieuse que profitable : mais l'inféodation des intelligences au surnaturel devait céder devant les progrès de la science qui réduit les phénomènes aux lois permanentes accumulées par l'observation, dédaigne les trompeuses tendances de l'imagination aux prises avec l'inexplicable infini.

» L'histoire peut enregistrer des encouragements ou des protestations, distribuer le blâme ou l'éloge, la renommée, la gloire; mais rien n'entrave la résultante nécessaire des forces de l'organisme social vers un but commun et progressif, qu'il s'agit de reconnaître et de signaler comme étant la loi, c'est-à-dire le vrai et le bon ainsi que le beau, splendeur du vrai. C'est en vain que l'intolérance théologique s'en prend à notre orgueil, parce que nous envisageons les croyances comme autant de phénomènes transitoires, utiles d'abord, puis inféconds ensuite, enfin hostiles et dangereux par leur présence obstinée. La haine des théologiens correspond à l'immobilité dogmatique où s'enferment les prêtres de chaque religion se refusant à toute transaction.

» Souvent dupes d'eux-mêmes et de leur imagination, ils ressemblent à ces maîtres en prestidigitation qui simulent une surprise joyeuse, quand ils exhibent aux yeux du vulgaire des objets du fond d'un sac où la prévoyance métaphysique les avait disposés. Mais si, au lieu de partir de l'homme pour aller vers le monde, ils commençaient par l'étude patiente des faits cosmiques, ils en verraient bientôt les lois étroitement superposées, et reconnaîtraient qu'il n'y a pas moyen d'intercaler entre les faits le moindre arbitraire divin, la plus petite action surnaturelle; ils observeraient, ils expérimenteraient, ils n'inventeraient plus. Jusque-là, ils ne sont pas les juges compétents de la philosophie positive; ils ne peuvent décider qu'elle manque à la morale, à l'idéal et au respect d'une cause suprême dans un ciel inconnu. Elle n'offense personne et s'inquiète fort peu qu'on la prenne en pitié : nous constatons que l'homme est peu de chose en ce monde, mais au moins qu'il ne dépend pas d'un arbitraire providentiel; et ce que les théologiens ne peuvent nous pardonner, c'est d'avoir affirmé la grandeur de ces lois éternelles, dont le caprice divin n'interrompra plus le cours depuis qu'il est défendu au miracle d'intervenir et au surnaturel de nous entraver.

» S'il y a orgueil de l'intelligence, c'est du côté de ceux qui insistent sur une croyance sans preuves, sur une doctrine créée sans matériaux et sans rapports avec les choses.

» Pour ceux qui n'admettent rien sans démonstration et n'ajoutent rien de leur fonds pour remplacer ce qui ne se prouve pas, ils n'ont rien à changer à leur situation, ils se maintiendront au-dessus des menaces des anathèmes et des dénonciations (1). »

Mais ils comprennent fort bien que ne croyant à l'infaillibilité de personne, ils soient toujours considérés comme de grands coupables devant ceux qui crient à la déchristianisation. Seulement la déchristianisation ne vient pas des encyclopédistes ni de leurs continuateurs : les uns et les autres, lorsqu'ils sont nés, l'ont trouvée largement commencée et les

(1) Bourdet, ouvrage cité, p. 15.

positivistes en particulier n'ont jamais établi de polémique tendant à l'accroître.

La déchristianisation vient de ceux qui ne suivent pas les progrès de l'humanité, conséquence du travail et de la science; elle vient de ceux qui s'efforcent même de retourner aux époques qu'il n'est plus possible de retrouver, où les sciences développées depuis cent cinquante ans n'existaient pas encore; aux époques du moins où elles n'étaient représentées que par des tentatives empiriques, sans le guide logique donné par la notion de l'immanence des propriétés à la substance de chaque corps. Elle vient de ceux qui ne veulent pas voir que l'action des *forces de la nature* n'inspirait aux anciens que la terreur et que, loin de chercher à les utiliser, ils ne songeaient qu'à s'en défendre; tandis que, grâce aux progrès des sciences, elles sont devenues, depuis cette époque encore récente, un moyen puissant et docile de faire travailler les outils remplaçant les esclaves, les serfs et les galériens des religions dissidentes comme agents propulseurs et moteurs des navires, des véhicules terrestres, des instruments agricoles et industriels. Or qui ne sait que pour la mise en œuvre des outils et la production des mouvements en général, l'utilisation des propriétés physico-chimiques de la matière est, en présence des moteurs précédents, un des progrès qui modifient le plus la direction des intelligences, dès qu'elles saisissent comment au lieu des hasards indéterminés, de l'action du vent par les voiles par exemple, l'opportunité dans l'action est obtenue à volonté par la vapeur, etc.

La déchristianisation vient aussi et surtout de ceux qui refusent d'incorporer à leurs doctrines les données de ces sciences et leurs conséquences, parce que ces doctrines ils les supposent éternelles, immuables, infaillibles, ce qui n'est pas; elle vient de ceux qui refusent de voir que ce que faisaient les Grecs et les Romains a eu une grande influence sur la constitution de ces doctrines. Elle vient de ceux qui ne veulent pas voir que les nations, comme les individus, sont solidaires; que, ces doctrines étant interprétées tout autour de la France autrement qu'ici, ce fait influe sur les croyances d'un grand nombre, sans que les simples affirmations du *Syllabus* puissent l'empêcher. Elle vient de cet ensemble de faits sociaux; les doctrines considérées comme sa cause, ne sont elles-mêmes depuis longtemps qu'un effet.

Effet pris pour la cause, telle est l'illusion.

De l'illusion des partis vient l'imprévoyance de l'avenir, qui fait porter tous les efforts sur une rétrogradation vers le passé, dont les changements évolutifs, saisissables de génération en génération, sont laissés comme non avenus; dussent même ces efforts amener une révolution. Cette impossibilité de déterminer ce qui dans les conditions présentes peut être fait, conduit ces partis à agir politiquement en dehors de toute préoccupation de l'état du pays, de ce qu'il veut, du but vers lequel il se dirige; en dehors de toute appréciation sur la considération dont il jouit en face des autres peuples et sans faire entrer en ligne de compte quels sont les événements qui élèvent sa dignité ou l'abaissent.

Il n'y a sans doute aucune mauvaise foi de la part de ceux qui agissent ainsi; mais il y a là le résultat malfaisant de l'ordre de convictions rétrogrades et absolutistes que donne la méconnaissance d'une partie des choses qu'il importe tant de posséder avant de parler et d'agir.

Il y a ce que la France perd à cette inertie d'une partie considérable d'elle-même. Il y a que, comme disait déjà il y a quatre ans M. Scherer, « le danger pour nos classes dirigeantes, ne vient pas de M. Tolain ou de ses pareils, il vient d'elles-mêmes, et ce qu'il y a de douloureux dans notre situation, ce n'est pas de voir l'ouvrier qui monte, c'est de voir la couche supérieure qui descend.

» L'heure qui sonne en ce moment, l'épreuve qui se fait, sont probablement décisives. La noblesse, elle aussi, a tenu jadis entre ses mains la destinée du pays et, avec la destinée du pays, son propre sort. Relisez Retz, Madame de Motteville, et vous verrez que la Fronde fut la crise de la liberté française, parce qu'elle fut le moment où les grandes familles de notre pays pouvaient saisir le rôle qu'a joué l'aristocratie anglaise, c'est-à-dire défendre les droits populaires contre la royauté. Que leur a-t-il manqué pour cela? Le sérieux, la moralité politique, le patriotisme qui s'élève au-dessus des préjugés de classe. Mais n'est-ce pas justement là le spectacle que la majorité de l'Assemblée nous donne en ce moment! Ne retrouvons-nous pas dans sa conduite la même légèreté, le même égoïsme, la même infatuation, je ne sais quelle imperméabilité — passez-moi le mot — à toute idée neuve et toute franche impulsion?

» Ces terreurs enfantines au seul nom de République, ces mesures réactionnaires au moyen desquelles nos législateurs s'imaginent changer le cours des choses, cette inintelligence profonde de tout mouvement, cette aversion instinctive pour toute innovation, cet effort pour se rejeter soi-même en dehors du courant du progrès, tout cela ne vous semble-t-il pas le sceau terrible qui marque la déchéance historique? Et connaissez-vous un plus grand sujet de tristesse, ou une cause plus légitime d'appréhension? Car, enfin, ces classes qui abdiquent ainsi volontairement, ce sont celles qui nous gouvernent depuis quatre-vingts ans : l'éducation de celles qui les suivent est encore tout entière à faire, et cette éducation qui la fera, si les directeurs et les instituteurs naturels du peuple manquent à leur fonction la plus sacrée (1)? »

Enlever la croyance que l'inspiration suffit à l'action, ou qu'avoir tel sentiment sur une question équivaut à la possession de renseignements vérifiables, semble aux uns une atteinte à la morale; pour d'autres, c'est mettre une entrave à la liberté de l'esprit humain.

Rien de plus dangereux que cette illusion. Aussi et comme conséquence inévitable, le clergé qui s'en fait un dogme voit le plus grand nombre des esprits, mieux éclairés, lui échapper, quels que soient les miracles et les visions ou amulettes fétichiques qu'il appelle à son secours; ne saisissant, d'autre part, ni d'où vient ni où va la société actuelle, il s'alarme, demande où nous allons, cherche à communiquer son effroi et s'en prend aux détails, sans grand souci des dogmes, dans l'espoir de ramener à lui, au moins les ignorants. Mais à sa demande nous pouvons répondre que nous allons régulièrement vers un état évolutif supérieur à celui du catholicisme, qui en a été le préparateur et l'initiateur.

(1) Schérer, journal *le Temps*, 16 janvier 1874.

Arrivé ici, on peut poser la question de savoir si c'est par conviction, système ou habileté qu'est réclamé tout ou partie dans la direction de l'instruction et de l'éducation : car, malgré la très-sincère illusion d'un certain nombre de catholiques que la foi guide avant tout, il est certain que la liberté de l'enseignement et la collation des grades accordée au clergé ne vient appuyer aucun dogme. Aucun principe religieux n'avait besoin, pour être soutenu et rendu plus saisissant, de voir les sciences physico-chimiques et biologiques enseignées et collationnées par des prêtres. Peut-être même ces principes ne gagneront-ils rien quand ils se trouveront posés en face de ceux qui surgissent de la science inductive.

Sur ce point le cléricalisme réclame la liberté avec autant d'énergie que le faisaient les révolutionnaires de 93 qu'ils maudissent. Plus d'une de ces réclamations pourrait porter à croire qu'ils tiennent à prendre la plus large part au perfectionnement du pouvoir spirituel, afin de regagner ce qu'ils ont perdu en fait de pouvoir temporel. Mais ce n'est pas au nom de ce principe mal déterminé de liberté qu'il faut agir ici. La liberté n'est pas un principe absolu ; c'est un droit, et, comme tous les droits quelconques, celui-ci est soumis à certaines restrictions inévitables, tant matérielles ou cosmologiques qu'organiques et sociales. La liberté se trouve ainsi nécessairement réduite à n'être que le droit de faire tout ce qui n'est pas nuisible aux autres. Et inévitablement encore, sous quelque forme que grandissent les applications de ce droit, s'accroît la responsabilité de celui qui en use; liberté et responsabilité ne sont que les deux faces d'un même phénomène social.

Pour dissoudre la conjuration ourdie contre ceux qui portent l'habit religieux, pour que cesse la guerre qui leur est déclarée, pour que le ministère ne les offre plus en holocauste à la libre pensée, tous faits affirmés par les évêques d'Orléans et de Paris (mars et avril 1876), il est un remède. C'est « la liberté pour tous, et la stricte justice exige que l'on supprime le budget de l'Université de la France, parce qu'une subvention exclusivement réservée à un seul corps est encore un monopole. Un monopole atténué, diminué, si l'on veut, mais c'est un monopole; et l'État n'a pas le droit de nous imposer *sa science* ou plutôt *ses dogmes scientifiques*, au moyen d'un écrasant budget (1). »

Or, les universitaires auxquels l'État délègue le droit d'enseigner, les non-universitaires aussi,

(1) De Marmiesse, *l'Enseignement scientifique et médical de l'État et l'Organisation des Universités catholiques*. Paris, 1876, in-8°, p. 131.

dont les travaux scientifiques de tous les ordres sont propagés par les premiers, n'imposent aucun dogme à qui que ce soit. C'est le savoir humain acquis par les recherches des libres penseurs, des israëlites, des protestants, des chrétiens grecs, nullement catholiques, aussi bien que des catholiques, qui s'impose. Dès l'instant où il n'y a pas deux principes d'activité dans l'univers, il n'y a qu'une sorte de science, et l'Université n'a pas *ses dogmes scientifiques*, parce qu'elle ne saurait en avoir. Ce sont, au contraire, bien manifestement les catholiques qui, dès l'enfance, imposent leurs dogmes religieux; ce sont eux qui, voyant ces dogmes ébranlés par les progrès de la science affluant de toutes parts, voudraient subordonner les conséquences de ces progrès à leurs dogmes, en constituant le parti clérical ou ligue des gens de bien par le régime du gouvernement de combat.

Ce n'est pas que bien des choses qu'enseigne l'Université ne puissent être aussi bien apprises et mieux peut-être parfois par l'enseignement libre, ainsi qu'on le voit dans plus d'un établissement, ou si l'on veut encore par l'intermédiaire de répétiteurs.

C'est une des raisons qui ont conduit A. Comte à dire qu'en principe il fallait que l'enseignement fût absolument libre, hors celui qui exige des dissections humaines, et que, par conséquent, il fallait supprimer le budget de l'Université. Mais, comme conséquence inévitable, il demandait aussi la liberté des cultes, la suppression du monopole de l'enseignement des dogmes, entraînant par suite la suppression du budget du clergé; budget bien plus *écrasant* que celui de l'Université. Quant aux grades, il en réservait, comme de droit, la collation à l'État (1).

En fait, il faut présentement conserver les institutions universitaires, comme il faut même conserver les églises et les divers cultes chrétiens, encore nécessaires à certaines intelligences; car cette nécessité dérive, soit de leurs dispositions organiques naturelles ou héréditaires, soit de l'éducation qu'ils ont reçue et qui a créé en eux des dispositions intellectuelles qu'il ne serait plus possible de remplacer par d'autres, davantage en rapport avec l'état actuel du savoir humain. Sans rien détruire de tout cela, il faut faire que chacun soit libre de fonder les institutions rendues nécessaires par les progrès sociaux, scientifiques, agricoles, industriels, commerciaux et financiers, afin qu'elles fonctionnent parallèlement à celles qui ont été fondées par l'État. Les institutions qui en viendront

(1) Voyez *Rapport sur la nature de l'École positive*; docteur Segond, rapporteur. Paris, in-8°, p. 23. 1re édition, 1849 et 2e édition, 1850.

à n'attirer personne s'éteindront sans violence, si elles continuent à ne pas être maintenues au niveau des exigences de ces progrès. On est porté même à croire, par bien des résistances dont j'ai cité les causes et les effets (p. 229 et suiv.), qu'il sera long, sinon impossible, d'amener administrativement les établissements d'enseignement primaire et secondaire à satisfaire aux besoins pressants qui se font sentir; c'est-à-dire à prendre les arrangements et à introduire les modifications voulues pour que l'instruction qu'ils donnent soit au niveau de celle des autres pays.

Pour l'enseignement des sciences, les résistances sont moindres; toutefois les progrès y restent fort lents, quoique réels. Les établissements de cet ordre sont, de plus, difficiles à créer (1).

Néanmoins, les difficultés d'apprendre, dès surtout qu'on arrive aux études physiques, chimiques et biologiques, sont si grandes pour tous, les variétés intellectuelles conduisent à tant de manières d'étudier les mêmes choses, d'un individu à l'autre, que chacun doit être laissé libre d'aller chercher son savoir où il trouve le mieux ce qui lui convient pour l'acquérir.

(1) Comme il n'existe pas en France et n'existera jamais de *Faculté de Médecine catholique* (capable du moins d'équivaloir à celle de l'État), il est facile de voir qu'il n'y a rien de personnel dans ce qui précède et dans ce qui suit, touchant aux Universités libres.

De quelque part qu'il vienne, le savoir est bon; mais à la condition de ne pas prendre le mystère pour principe, en ne tolérant les données de l'observation et les choses rationnelles que comme exercices ou jeux de l'esprit. Le but de la science est au contraire de réduire de plus en plus le domaine du mystérieux, qui restera toujours assez grand en ce qui touche les origines et la fin des individus ou des espèces terrestres, sans compter ce qu'il y a pour nous d'inconnaissable, à cet égard, dans les autres planètes et au-delà du système solaire.

Donc, quand on parle du savoir, encore faut-il constater s'il est dans l'ordre des fictions, des mystères systématisés ou dans celui des réalités conduisant à la prévoyance, et de la prévoyance à l'action.

Du savoir de cet ordre, c'est à l'État que doivent être données les preuves; il doit s'en réserver la constatation, la collation des grades lui revient.

Il doit en être ainsi parce que le devoir de l'État est de veiller aux intérêts du plus grand nombre quant aux relations individuelles réciproques, et spécialement de l'ensemble de la nation par rapport à toutes les autres. Il faut qu'il remplisse ce devoir, non-seulement en ce qui touche les intérêts matériels, mais aussi et surtout par rapport aux intérêts intellectuels et moraux; non pas sous un vain prétexte de gloire nationale, mais parce qu'une des conditions d'existence de chaque État est de ne pas rester inférieur aux autres États à ces divers égards. Possédant mieux que les particuliers les moyens voulus pour être plus exactement renseigné que ceux-ci sur ces questions, les gouvernants sont responsables devant le pays de toute négligence des devoirs que leur imposent ici les progrès des sciences, des arts et de l'économie politique.

Dès l'instant où, comme le reconnaissent les cléricaux, le devoir de l'État est de protéger les études et d'en favoriser le développement, que ce soit par la simple liberté pour chacun d'enseigner, que ce soit par délégation rémunérée, le devoir de l'État, dans un cas comme dans l'autre, est de s'assurer si ceux qui veulent agir directement sur l'homme en fait d'instruction, d'éducation, d'hygiène ou de médecine, ont le savoir voulu. Plaçant les intérêts du plus grand nombre, de ceux surtout qui, hors des villes, sont voués à la production agricole, au-dessus des intérêts individuels, l'examen demandé par l'État est une garantie nécessaire, garantie dont il constate l'existence par un diplôme.

Le clergé, comme l'armée, hommes et matériel, coûte en France un million par mille individus environ. Or, le nombre de ses membres qui ont fait progresser les sciences pour l'enseignement desquelles il veut choisir des professeurs ayant droit de conférer grades et diplômes, ce nombre, dis-je, est tellement minime qu'il y a lieu, pour l'État, d'aviser ici; et autant pour ce qui regarde les sciences et les arts agricoles, industriels, etc., qu'en ce qui touche l'art médical.

On remarquera, en effet, que malgré le nombre de ses représentants, qui dépasse 40000 hors des séminaires, le clergé n'a pu parmi eux trouver les professeurs nécessaires aux Facultés des sciences et de droit qu'il vient de fonder; c'est ainsi aux laïques qu'il a dû recourir pour *prouver à tous que la vérité religieuse ne saurait différer de la vérité scientifique.* Il faut lui rendre cette justice, du reste, que par ce recours, il a montré que le traitement des professeurs des écoles de l'État, est au-dessous de ce qu'il devrait être; car par la supériorité des appointements donnés aux professeurs de ses Facultés, il a pu en détacher un de la Faculté de médecine de Montpellier et quelques autres des écoles de droit de la province.

Pas plus que par le passé, l'intervention de l'État dans la collation des grades n'empêchera chacun d'aller chercher des conseils et des soins pour sa santé où il voudra, comme chacun à peu près étudie les mathématiques, l'astronomie, la physique, etc., où il veut, à ses risques et périls, avant de se présenter pour entrer aux écoles polytechnique et autres. On n'évitera pas que tel, suivant sa propre sagacité ou ses instincts de conservation seuls, ait recours aux médecins qui ont été reconnus compétents, ou, au contraire, aux invocations, aux prières, aux amulettes, aux sortiléges en actes ou en paroles, aux rebouteurs, à l'homœopathie, aux prêtres ou aux forgerons faisant de la médecine, aux vendeurs de spécifiques, à tous ceux, en un mot, en lesquels on voit nombre de personnes avoir une foi absolue, parce que le savoir médical et chirurgical qu'on leur attribue, ils le posséderaient de par quelque mystère, sans avoir fait aucune étude qui s'y rapporte. Il y aura toujours une minorité de débilités intellectuelles qu'on ne pourra pas faire disparaître plus complétement qu'on ne peut faire disparaître les autres faiblesses de constitution. Mais on doit veiller à ce que, par l'instruction reconnue la meilleure, cette minorité diminue elle-même de plus en plus; en tout cas, les inspirations de ceux-là, non plus que de ceux qui les encouragent, ne sauraient primer les intérêts des autres.

« Le but des catholiques demandant la liberté de l'enseignement est de prouver à tous que la vérité religieuse ne saurait différer de la vérité scientifique; car il n'y a pas deux vérités. C'est aussi de contribuer à ce perfectionnement de l'intelligence et de la moralité humaines par l'amélioration des méthodes d'enseignement et le développement de la science.

» Voilà leur ambition ; ils n'en ont pas d'autre (1). »

Si réellement les catholiques n'ont pas d'autre ambition que celle-ci, ce que se plaisent à espérer ceux qui envisagent la question dans son ensemble, comme l'ont fait les pages précédentes, s'ils n'ont pas d'autre but, nul ne peut voir en quoi la collation des grades, attribuée au clergé comme à l'État ou à des jurys mixtes, peut être indispensable à cette démonstration. Il n'est pas exact en tout cas de dire avec M. Dupanloup que *le droit de collation des grades est l'essence même de la loi sur la liberté de l'enseignement* (2).

L'enseignement et la collation des grades sont deux choses essentiellement distinctes. Confondre ces deux choses est montrer qu'on ne les connait pas ; ou le faire, alors qu'on les connait, laisse supposer quelque arrière-pensée.

Le savoir, c'est-à-dire l'exercice et par suite le développement des facultés intellectuelles, c'est-à-dire le développement dans l'ordre fonctionnel de ce qui existe organiquement, apporte inévitablement dans tous les esprits une telle rectitude de

(1) De Marmiesse, *loc. cit.*, p. 131.
(2) Dupanloup. Lettre du 22 mars 1870.

jugement que nul savant ne redoute la diffusion de la science de quelque part qu'elle vienne; nul ne redoute que le droit et la liberté d'enseigner (à leurs risques et périls), ne soit accordé à tous ceux qui en sont capables ou qui croient l'être.

Mais si l'instruction, l'acquisition du savoir est chose indispensable, l'acquisition d'un grade est tout autre chose : c'est chose facultative ou chose professionnelle. Il n'est personne qui ne connaisse des hommes qui, par les enseignements qu'ils ont reçus ou se sont donnés, sont devenus des plus instruits, sans avoir pris aucun grade. Il importe même on ne peut plus pour notre pays que le nombre de ceux-là augmente et que les moyens voulus pour atteindre ce but soient de plus en plus répandus partout.

Tous ceux aussi qui ont été appelés à prendre part aux déterminations d'équivalence effective des diplômes, savent bien que leur possession peut ne répondre à aucun savoir réel; que, si le savoir est bon de quelque part qu'il vienne, il n'en est pas de même des diplômes.

Toutes ces données ne sont pas neuves; elles ont été exposées bien des fois et de divers côtés en dehors de toutes préoccupations, soit politiques, soit congréganistes.

Les médecins, ayant ou non participé à l'enseignement libre et à l'enseignement officiel, ont été des premiers à en montrer l'importance.

Ils concluent qu'*on ne peut guère, dans l'intérêt de tous, dans l'intérêt des études, concevoir autre chose qu'un jury homogène* (1).

Un *jury homogène* peut seul empêcher les jalousies, les défiances et les sources d'injustice.

On peut tout d'abord établir que ce jury homogène doit être : un jury nommé par l'État, représentant l'État, réunissant l'indépendance la plus complète possible à la compétence indispensable.

La compétence ne pouvant être pleinement jugée par l'État, c'est-à-dire par le ministre, son représentant direct, elle l'est par ses délégués; mais c'est l'État qui, par le ministre, délivre le diplôme, marque de garantie de la capacité, attestée par le certificat qu'ont accordé ces délégués constitués en jury d'examen.

C'est bien là un jury d'État, car c'est le ministre qui en nomme les membres, et les décisions de ce jury n'ont de valeur qu'après que le ministre les a confirmées.

Par les raisons indiquées plus haut, il est incontestable que les choses doivent être ainsi.

Seulement aujourd'hui les mêmes hommes sont chargés d'engseiner et de s'assurer si le savoir a

(1) Richelot, *Union médicale*, 1876.

été acquis; les mêmes hommes remplissent les deux fonctions de professeurs et de démonstrateurs, d'une part, d'examinateurs, de l'autre.

Cette manière d'agir a des inconvénients. Les uns tiennent au caractère individuel. Telle est la propension à ne considérer comme véritable savoir que ce que l'on a professé, tendance à devenir indifférent aux réponses qui sortent d'un certain programme. Mais pourtant, en somme, les résultats obtenus sont satisfaisants et cette manière de faire peut être continuée.

Un jury d'État dont le choix serait laissé à l'arbitraire ministériel seul, serait la ruine de l'enseignement et des Facultés, que ses membres fussent ou non soumis à un renouvellement annuel. Il n'a du reste jamais été question de faire les choses ainsi.

Il faut donc que les actes probatoires, les examens continuent à être subis devant les Facultés de l'État, représentant un jury d'État permanent; sans arbitraire dans sa constitution ni variations avec les changements de ministres et avec leurs tendances politiques.

Mais il faut bien savoir aussi que le nombre de ceux qui ont à subir des examens va en augmentant, plus que le nombre des professeurs; qu'on doit tendre à ce que cette augmentation se déve-

17

loppe de plus en plus. Or, déjà présentement, pour ce qui concerne l'étude des sciences, du moins, il est certain que dans les Facultés de Paris les heures prises par les examens ne laissent plus à l'enseignement et aux démonstrations correspondantes le temps qu'ils exigent pour être bien faits.

Il est donc certain que dans telles et telles Facultés, la séparation des deux ordres de fonctions est déjà indispensable et deviendra de plus en plus inévitable. Que cette séparation soit complète ou partielle, la nécessité de l'adjonction d'examinateurs à ceux qui enseignent, ou alors celle du dédoublement des chaires d'un même ordre dans une même Faculté, vient s'imposer de plus en plus.

Pour les sciences, ce n'est aucunement réduire le rôle du professeur à la portion congrue et enlever quoi que ce soit à sa dignité que de l'amener à n'être que l'homme de l'enseignement sans être examinateur.

Il est certain que, dans les Facultés des sciences et de médecine de Paris, les cours sont faits à un point de vue plus élevé et plus général que celui qui régit la nature des questions souvent plus techniques ou pratiques posées dans les examens. L'examinateur y interroge tant d'élèves qui ne peuvent pas avoir suivi son enseignement, qu'on n'y cite pas d'exemple d'actes de partialité dérivant de ce qu'un élève aurait prouvé par ses réponses qu'il n'a pas assisté à son cours. Aussi nombre d'élèves se présentent après n'avoir pris de leçons que près des professeurs particuliers, non examinateurs.

C'est une erreur, du reste, de croire que pour être bien faits, c'est-à-dire instructifs aux points de vue, soit dogmatique, soit technique, les cours doivent être professés dans le but plus ou moins direct de conduire à subir quelque examen. Il suffit de citer, d'une part, les cours du Collége de France et, de l'autre, ceux de l'École des arts et métiers.

Rien ne sera plus facile, du reste, que de constituer dans chaque Faculté où ce sera nécessaire un corps d'examinateurs dépendants de cette Faculté et non de l'arbitraire ministériel, remplissant à la fois les conditions de compétence et d'indépendance voulues.

La compétence sera jugée par la présentation au ministre d'une listé de candidats choisis par la Faculté et d'une autre liste, contenant ou non les mêmes candidats, formée par l'Académie de médecine. Ces présentations, en un mot, seront faites suivant les règles déjà en usage pour celles qui se font lors des vacances aux chaires du Collége de France et du Muséum. Sur ces listes, contenant un nombre de candidats double de celui des vacances, le ministre choisira, le conseil supérieur de l'instruction publique entendu, s'il est besoin.

Si parfois il devenait nécessaire, dans l'intérêt de l'enseignement, que l'examen restât lié à ce dernier, rien ne s'opposerait à ce que le professeur soit président des examens à côté de deux examinateurs proprement dits, c'est-à-dire non chargés de cours. Il y aurait là certainement de grands avantages obtenus au point de vue de l'homogénéité dans la direction de l'ensemble des études.

L'indépendance serait obtenue en ne laissant à l'examinateur aucune attache avec un corps enseignant quelconque, soit officiel, soit libre, si elle avait existé antérieurement. La réciproque existerait pour le cas où l'examinateur passerait à l'enseignement; déjà, du reste, dans les Facultés de médecine les agrégés deviennent assez souvent professeurs après avoir été examinateurs seulement, sans professorat, pendant la durée totale de leur exercice.

Pour les Facultés de médecine, il n'y aurait donc dès à présent aucune difficulté de trouver le nombre d'examinateurs nécessaire. Il suffirait de constituer en examinateurs les agrégés, lors de la fin de leurs six années d'exercice. Étant bons examinateurs dans l'état actuel des choses durant l'exercice de leurs fonctions, ils ne sauraient être inférieurs à cette tâche après six années, plus que pendant leur durée.

Et comme ici nul détail n'est puéril, comme il est certain que le grade constaté par un diplôme n'est pas simplement chose d'ordre spirituel et moral, mais bien d'ordre temporel et administratif, il n'est pas inutile de signaler quelques-uns des dangers de la multiplicité des sources d'obtention d'un droit, lorsqu'il y a en fait unité dans le parti qu'on en tire, en tant que moyen d'existence, aux dépens du public.

Dans l'intérêt du plus grand nombre, l'État doit tendre à ce que l'unité de diplôme soit autant que possible une expression d'un certain *summum* dans le savoir; or il est d'expérience qu'à cet égard la multiplicité des sources d'obtention entraîne des inégalités flagrantes. Il est d'expérience qu'elle se prête aux confusions les plus dangereuses, en médecine particulièrement, de la part du public mal renseigné : elle se prête ainsi à des tromperies individuelles sans nombre.

Il n'est pas de médecins ni de légistes qui ne connaissent des corporations religieuses donnant des consultations médicales et des remèdes véritables, des prêtres voulant savoir la médecine ou la pratiquant, pour porter des secours à l'âme par l'intermédiaire de ceux que demande le corps. Il n'est pas difficile d'apercevoir le danger des diplômes de même nom, donnant les mêmes droits professionnels accordés par les Facultés catholiques à côté de ceux que confère l'État. Le danger devient plus évident encore lorsqu'on observe qu'en France (et en France seulement), les ministres conservent encore le droit que s'étaient réservés les pouvoirs autocratiques, d'accorder les équivalences de grades quelle qu'en soit l'origine et même les autorisations de pratique professionnelle, avec ou sans diplôme.

Ce que les catholiques affichent hautement comme étant toute leur ambition, *prouver qu'il n'y a pas deux vérités, développer l'intelligence*, ne diffère pas de l'ambition de tous ceux qui, dès les premiers progrès de la civilisation, ont fait de la science et de l'enseignement, avec ou sans octroi de grades, question de vérité religieuse à part. Il y a déjà loin de la question ainsi posée à l'affirmation si souvent répétée sur l'accord parfait entre la vérité scientifique et la foi absolue en tous les dogmes bibliques, qui devraient être maintenus avant tout et à quelque prix que ce soit, croyance hors de laquelle il n'y aurait ni morale, ni honnêteté.

Mais, d'un autre côté, si la vérité religieuse ne diffère pas de la vérité scientifique, il n'est pas douteux que la preuve non encore donnée de ce fait conduira dans l'avenir comme dans le passé à l'absorption de la religion par la science; car, suivant l'expression de Rémusat, s'il y a plusieurs manières d'apprendre, il n'y a qu'une manière de savoir.

On voit déjà, il est vrai, qu'il n'y a pas deux vérités. Mais ce n'est pas par la religion que les premières preuves de ce fait sont venues. Là, en effet, où l'on admettait au moins deux principes d'existence, de Blainville, Auguste Comte, M. Chevreul, M. Claude Bernard et autres ont montré, au contraire, qu'il y avait unité d'activité fondamentale et nullement dualisme, au moins dans notre système solaire.

C'est ici le lieu de reproduire ces principes de philosophie positive rappelés en ces termes par M. Cl. Bernard (1): « Nous ne pouvons remonter au principe de rien, et le physiologiste n'a pas plus affaire avec le principe de la vie, que le chimiste avec le principe de l'affinité des corps. Les causes premières nous échappent partout, et partout également nous ne pouvons atteindre que les causes immédiates des phénomènes. Or, ces causes immédiates, qui ne sont que les conditions mêmes des phénomènes, sont susceptibles d'un déterminisme aussi rigoureux dans les sciences des corps vivants que dans les sciences des corps bruts. *Il n'y a au-*

(1) *Revue des Deux Mondes*, 15 mai 1875, p. 338-339.

cune différence scientifique dans tous les phénomènes de la nature, si ce n'est la complexité ou la délicatesse des conditions de leur manifestation qui les rendent plus ou moins difficiles à distinguer et à préciser. Tels sont les principes qui doivent nous diriger. *Aussi conclurons-nous sans hésiter que la dualité établie par l'école vitaliste dans les sciences des corps bruts et des corps vivants est absolument contraire à la science elle-même.* L'unité règne dans tout son domaine. La science des corps vivants et celle des corps bruts ont pour base les mêmes principes et pour moyens d'étude les mêmes méthodes d'investigation. »

Il est manifeste que la vérité religieuse dont parlent les catholiques est celle de leur religion et ne saurait être la vérité de la religion des siècles ayant précédé notre ère, ni celle des bouddhistes, des juifs, des mahométans, ni même celle des chrétiens grecs. Si donc la première ne fait qu'un avec la vérité scientifique, elle ne peut que venir se fondre dans celle-ci. Les hommes de toutes ces religions ne sont en effet venus qu'après Pline, Vitruve, Galien, Archimède, Euclide, Aristote, Pythagore, Thalès, Hippocrate, et tant d'autres de nos prédécesseurs, fonder la vérité scientifique, et cela sans se préoccuper de la vérité de la religion des uns ni des autres. Il serait injuste aussi d'oublier que déjà bien des siècles avant notre ère, plusieurs centaines de millions d'hommes, dans l'Inde, la Chine, le Japon, l'Égypte, l'emportaient sur ce que nous étions il y a 1,000 ans en ce qui touche l'agriculture, l'industrie, le commerce, les finances, la navigation, l'architecture et tant d'autres arts encore.

En traitant ces questions les catholiques oublient trop qu'ils ne sont que 130 millions à côté de 200 millions de protestants, de chrétiens grecs et d'israélites, qui tous les jours apportent ensemble une part dépassant celle que nous, catholiques, ajoutons aux progrès de la vérité scientifique. Il ne faut pas oublier enfin qu'en apportant cette part ils se préoccupent autant que les chrétiens et les libres-penseurs des perfectionnements de l'intelligence et de la morale.

Il est certain que si le principe d'égalité devant la loi, doit plus au christianisme qu'à toute autre doctrine, le protestantisme, les encyclopédistes et la révolution de 1789 ont eu leur part dans ce progrès, Ils ont aussi leur place à côté du catholicisme dans cette évolution rapide des sciences physico-chimiques et biologiques, qui se dessine depuis cent à cent cinquante années surtout et dont les applications techniques et esthétiques ont amélioré notre état social, d'une manière si saisissante dès qu'on le compare à ce que tout cela était auparavant. Quoi qu'on dise, l'Église et la croix ont tort lorsqu'elles affirment que tout le mérite leur en est dû.

Elles oublient trop aussi que la vérité scientifique se développe et se répand plus, même sous ses formes abstraites chez les musulmans et les bouddhistes que la vérité religieuse catholique; l'Inde et le Japon le montrent tous les jours, alors que ni le catholicisme, ni même le protestantisme, n'y font des progrès sensibles. Ce sont, au contraire, plutôt des conversions à l'islamisme qui ont lieu (1).

De même en Algérie où les catholiques ont pu prêcher leur vérité religieuse librement depuis trente ans, ils ont baptisé un certain nombre d'orphelins et quelques malheureux mourant de faim, mais il y a eu plus de chrétiens adultes qui par intérêt ou plus rarement conviction se sont faits mahométans, que de mahométans adultes ne se sont faits chrétiens.

Dans cet ordre de choses capitales, les catholiques, se placent sur un étroit point de vue qui les empêche par trop de voir les relations de la patrie avec les autres nations; il semble que celles-ci leur importent peu dès l'instant où elles ne sont pas catholiques, comme si, encore une fois, le catholicisme n'avait pas eu les civilisations égyptienne,

(1) Voyez dans la *Revue de philosophie positive*, mars 1876, p. 311 : Littré, *Mahométisme et Christianisme dans l'Inde*.

grecque, judaïque et romaine comme précurseurs, comme s'il avait régi l'activité politique, scientifique, esthétique, intellectuelle et morale du monde grec.

Réduire l'étendue des questions à celle du point de vue auquel l'on se place semble être tout pour eux et leur civilisation est donnée comme n'ayant pas eu d'antécédents. C'est pourtant toujours une malheureuse situation que celle qui amène, sciemment ou non, à renier son passé. Il ne faut pas que les sentiments religieux soient à l'âge adulte, comme le voudrait l'Église, la continuation de ce balbutiement oral et social qui, dans la vieillesse reprend sous le nom de rechute à l'état d'enfance.

La question de la collation des grades a en effet un côté politique dont l'examen ne doit pas être négligé. Ce côté est la situation donnée à la France par la loi instituant des jurys mixtes, comparativement à ce que sont les États qui nous environnent. Or la faute politiquement commise par esprit de parti clérical, anti-républicain, et dommageable pour le pays, a été d'imiter la Belgique, quoi qu'en disent les souteneurs de cette loi. La faute ne tient pas à ce que ce dernier État est petit. Elle tient à ce que ce système y a donné de mauvais résultats scientifiques, y a conduit à un abaissement marqué des études et du nombre des savants prenant part aux progrès généraux de la science; y a conduit enfin à des changements fâcheux dans les relations sociales de famille à famille par suite des dissidences d'opinion, de parti à parti. Cela étant, l'Allemagne, l'Angleterre, le Danemark, l'Italie, la Suède se sont gardés, cet exemple devant les yeux, d'adopter de tels procédés. En se laissant aller à cette dangereuse imitation, alors qu'il voyait les autres États l'éviter avec soin, le parti clérical a commis une faute politique qui met en évidence son esprit rétrograde.

Parmi les universitaires, le nombre de ceux qui croient et même de ceux qui pratiquent, dans le sens catholique, ce nombre reste encore plus grand que celui des libres-penseurs. Les intérêts des doctrines chrétiennes ne sont donc nullement en danger dans l'Université. Il n'y avait à cet égard aucunement besoin de prendre des mesures légales particulières et nouvelles pour veiller à la sauvegarde d'intérêts qui n'étaient nullement menacés par ceux qu'on soupçonne ainsi. Sous ce rapport la loi votée par le Sénat était et reste absolument inutile pour l'État, et dangereuse par le côté faux qu'elle présente ici. Si elle lui devient utile, ce ne sera qu'indirectement par l'emploi à la diffusion d'un savoir qui pour être réel ne saurait être autre que celui que donne l'Université, de sommes d'argent qui recevraient une tout autre direction. Mais ce que moralement cette loi a de plus grave, c'est qu'elle est une loi de suspicion qui pèse injustement sur ceux qui dans l'Université conservent et soutiennent les croyances catholiques, et que pourtant elle considère soit comme insuffisants à cet égard, soit comme ennemis. Elle est, d'autre part, une loi de suspicion non moins injuste contre la droiture de caractère de ceux que l'esprit de libre examen a conduits à des croyances autres que celles du *Syllabus*.

Il faut en ces questions se garder d'être agressif, car la science apprend que rien ne met aussi loin de l'état mental voulu pour un raisonnement droit et démonstratif, que la critique et l'esprit de polémique, qui cherchent à imposer, au lieu d'exposer pour convaincre; c'est ainsi qu'on a pu voir ce qu'il y avait de ridicule dans ce qu'on a voulu appeler le *gouvernement de combat*, comme s'il était possible de commander et de se battre tout à la fois.

Mais cependant, on ne saurait sentir trop vivement, dans la situation où le césarisme, suivi de la ligue des gens de bien, ont mis notre pays, que nous ne devons rien négliger pour nous défendre de céder à ceux qui veulent subordonner la politique et la science qui se propagent, à leur religion qui ne recrute personne, dans le but évident d'étayer ainsi cette dernière.

Ils considèrent comme dues à une *conjuration*

inconsciente, où manquent les conjurés, les résistances à leurs injonctions. Mais il ne faut pas oublier que la conjuration réelle et consciente est celle qui est si évidente contre la constitution républicaine et les institutions qu'elle exige. L'effroi jeté dans la bourgeoisie riche, dans la magistrature et dans l'administration, par les résultats des élections dernières, ne s'est pas éteint sans laisser un ensemble hostile des plus influents. Parmi ceux qui flattent, comme parmi ceux qui se taisent par habileté, la majorité cherche à entraver ou à retarder toute action, attendant avec espoir que quelque faute commise par violence ou par inadvertance, jette la masse pauvres ou riches, restée sans lumières, et peureuse conséquemment, dans les bras de la politique ultramontaine, de guet-apens ou d'ordre moral, peu importe.

Il n'est pas d'homme de science à l'étranger, il est peu d'hommes de tout rang en France qui ne puissent voir ce que ces hostilités sourdes, ces fins de non-recevoir fondées sur l'ignorance de l'état actuel des sciences, puis ce que l'absolutisme administratif et clérical ont empêché de résultats utiles malgré les efforts les mieux dirigés.

Dans tout ceci, comme dans ce qui suit et ce qui précède, une indication des faits tels qu'ils sont pour montrer qu'il est possible de faire mieux, est le but que je vise et non la critique même.

CHAPITRE XVII

DANGERS SOCIAUX QU'AUGMENTE LA DUALITÉ DANS L'ENSEIGNEMENT.

Les cléricaux, les monarchistes en général, les nihilistes en fait d'opinion politique, peuvent encore sans danger, dire publiquement tout le mal qu'ils pensent de la République, et ils ont toujours un auditoire favorable dans le particulier. Les républicains sont encore obligés, au contraire, de choisir leur milieu, pour expliquer sans être exposés à des récriminations hostiles, en quoi les institutions républicaines l'emportent sur celles qui les ont précédées, et surtout comment elles exposent moins aux destructions en hommes et en territoires, que les caprices sans contrôle du césarisme.

Aux premiers toutes les portes s'ouvrent, mais difficilement pour les seconds. Il est des avocats même qui ne cachent pas que, devant certains magistrats, ils sont obligés de ne pas faire usage des preuves favorables à la défense, quand elles s'appuient sur les idées républicaines, sur celles de l'esprit moderne, ou quand elles viennent des hommes connus par leur dévouement à ces idées.

« Du reste, dans ce temps d'équivoque, dit à juste raison un journal de province, les plus absurdes prétentions se donnent carrière. On semble ne pas comprendre que le droit d'appréciation par les magistrats ne saurait aller jusqu'à la contradiction de la loi. Récemment, dans un discours qui a été fort commenté et justement critiqué, un Premier président attribuait à la magistrature un rôle qu'elle n'a jamais eu et qui, si elle l'usurpait, serait le renversement de toutes nos institutions.

» D'après M. Merveilleux-Duvignaux (novembre 1876), il appartiendrait au pouvoir judiciaire de faire obstacle au développement des doctrines démocratiques et de maintenir en dehors et au-dessus de la discussion les grands principes sur lesquels la société repose. Cette préoccupation part d'un bon naturel, l'intention est excellente, mais ce n'est pas l'affaire de la magistrature. Elle se trompe en se donnant cette mission, tout de même que le général Barry en instituant sa fameuse trinité de fonctionnaires pour fixer des bornes à la souveraineté nationale.

» Le magistrat n'est pas législateur. C'est la loi qui est sa règle et non pas la morale religieuse ou ce que la métaphysique dit de la raison pure ; c'est la loi qu'il doit interpréter et appliquer. S'il prétend intervenir dans la confection de cette loi, il se rend coupable d'un désordre, à plus forte raison en est-il ainsi lorsqu'il se sert de la loi comme d'un moyen politique, pour peser sur les personnes et sur l'opinion, pour faire croire à l'impossibilité d'une stabilité dans ce qui est d'institution républicaine (1). »

« S'il n'y avait pas, dit encore M. John Lemoinne, mêlés à cette date du 2 décembre et aux jugements des commissions mixtes, tant de souvenirs, de deuils, ce serait une véritable comédie et un spectacle grotesque que de voir la vertueuse indignation avec laquelle les apologistes du coup d'État prennent la défense de la justice, des lois, des tribunaux, de la magistrature, en un mot, de tout ce qu'ils ont violé et foulé aux pieds ; et ce qu'il y a d'encore plus édifiant, c'est de voir les gens pieux, les défenseurs du trône et de l'autel, faire leur partie dans un pareil concert.

» D'autres disent qu'il est inutile, qu'il est dangereux de réveiller et d'entretenir des souvenirs malheureux, que le temps a fait son œuvre d'oubli et que plus de vingt ans ont passé sur les commis-

(1) *Courrier de l'Ain.* Janvier 1877.

sions mixtes. Il y a aussi, dans une des comédies d'Émile Augier, un personnage qui avait eu autrefois des démêlés, non pas avec la conscience publique, mais avec la justice, et, qui, chaque fois qu'on le lui rappelait, répondait : « Oh! mais il y a vingt ans de cela. » Ici, c'est mieux; les coupables ne se contentent pas de l'oubli, ils veulent la réhabilitation.

» Qui donc est allé réveiller et ressusciter ces souvenirs impurs et impies? qui donc s'occupait encore de ces tribunaux d'exception en dehors des malheureux qui en avaient été les victimes soit dans leurs personnes, soit dans leurs familles, dans leur fortune, leur travail, leurs moyens de vivre? qui donc est venu tout à coup rompre ce silence et réveiller par un affront cette conscience publique qui dort quelquefois, mais ne meurt jamais? Comment! ce sont les dépositaires de la justice, les magistrats gardiens des lois qui sont venus dire au pays que la violation de toutes les lois est un devoir! Voilà l'enseignement que nous a donné une Cour de justice!

» C'est contre ce scandale que s'est révolté le sens moral de tous les honnêtes gens, et le président du conseil a replacé la question sur son vrai terrain en disant qu'il s'agissait de morale et non plus de procédure . . . .

» On pouvait nous dire que les commissions mixtes avaient été légalisées après coup, et que ceux qui en avaient fait partie étaient irresponsables, en d'autres termes, qu'ils s'étaient assurés de l'impunité : on aurait subi ce fait comme on doit accepter tous les faits de l'histoire. Mais nous enseigner du haut d'un tribunal que les magistrats qui se sont associés à la violation sanglante de toutes les lois ont accompli un devoir, et que les juges qui se sont rendus coupables d'un crime ont droit à des couronnes civiques, c'était ce qui dépassait toutes les bornes.

» La Cour de cassation est donc parfaitement libre de son jugement, de même que le garde des sceaux était libre de révoquer un magistrat qui faisait l'apologie de la violation des lois.

» La Cour suprême pourra de nouveau déclarer que les magistrats des commissions mixtes sont à l'abri des poursuites et qu'ils ont leurs papiers en règle; c'est bien; que leur légalité leur soit légère!

» Nous avons toujours défendu l'indépendance de la magistrature et l'inamovibilité des juges; mais la tâche devient difficile, et jamais les pires ennemis de la justice ne lui ont porté des coups plus mortels que ceux qu'elle se porte elle-même (1). »

(1) John Lemoinne, *Journal des Débats*. Janvier 1877.

En février 1877, la Cour a déclaré, comme le prévoyait M. Lemoinne que les magistrats des commissions mixtes restent à l'abri des poursuites. Que leur légalité leur soit donc légère! La France subira cet arrêt, mais son esprit de justice sera logiquement toujours avec M. le procureur général Renouard disant à la Cour de cassation dans ses conclusions :

« ... Les véritables ennemis de la magistrature sont ceux qui voudraient qu'elle rendît un solennel hommage à la violation du droit.

» ... Vous ne laisserez pas subsister, messieurs, un arrêt qui a si étrangement méconnu les principes de la loi de 1829 sur la diffamation. Vous blâmerez cette inutile provocation à la conscience de tous les honnêtes gens. Vous ne démentirez pas la juste réprobation qui s'attache aux commissions mixtes. »

A cette tendance des esprits qui, de par la politique, est loin d'être rare dans la magistrature, il faut ajouter que, d'autre part, la gendarmerie est déconsidérée souvent dans les campagnes, moins par elle-même que peut-être sous l'influence de ses officiers, encore en grand nombre bonapartistes; elle cherche, sinon à faire peur, au moins à faire croire que le gouvernement actuel n'est pas définitif; que la République n'est là que temporairement pour être remplacée bientôt par l'empire ou par une royauté vers laquelle il faut tendre, plutôt que de soutenir le pouvoir impersonnel. Plus d'un, comme moi, a eu des renseignements précis sur ces manières de faire devant les habitants des campagnes.

Ce n'est pas seulement dans l'ordre administratif exécutif et dans l'ordre judiciaire que l'on voit la plupart des situations occupées par des ennemis irréconciliables de la République, par habitude et par réaction politique. En ce qui concerne l'enseignement primaire et secondaire, déconsidérer tout ce qui est laïque au profit de ce qui est congréganiste, est aussi une règle fréquemment appliquée, même dans l'inspectorat; ce dont les municipalités ont, on ne peut plus lieu de se plaindre et souvent. Ici encore les avenues sont occupées et quelque part qu'on aille, on n'y voit qu'obstacles; par contre toute opposition contre l'esprit moderne y est considérée comme de bonne mise. L'esprit de parti prime tout. Ici, comme là, nulle préoccupation de faire et de juger aussi bien ou mieux que dans les autres nations, en allant vers un but de progrès et de relèvement, ce dont pourtant nous avons plus besoin encore que qui que ce soit.

La gravité du danger causé par le désordre moral que, dans l'administration comme dans la magistrature, entretient cet esprit, gît surtout dans la débilitation qui en résulte pour celles-ci en face des manœuvres du cléricalisme qu'elles protégent. La présence de ce danger aussi bien que de cette faiblesse se lit entre mille, dans cette lettre, adressée par un administrateur au maire d'Arles, cherchant à lui montrer les expédients employés par un prêtre pour tourner la loi sur les réunions publiques.

« Vous dites que l'administration vous laisse dans une impasse, elle ne vous y a pas laissé du tout. Vous êtes parti sans elle, voilà tout; et l'abbé Bourges est parti aussi sans la mettre à même de lui opposer le seul moyen dont elle dispose, c'est-à-dire des lenteurs. Vous êtes trop bon politique pour ignorer que l'administration ne peut pas s'engager quand elle sait qu'elle n'aura pas le dernier mot.

» *Or, vis-à-vis du clergé et des œuvres ultramontaines la situation ne permet pas d'avoir le dernier mot* (1). »

J'ajoute qu'il est on ne peut plus fâcheux, d'autre part, de voir à mesure que nous durons encore, avec la plus grande honnêteté pécuniaire pourtant, croître dans les administrations la tendance à l'abandon des principes généraux dominant les institutions, pour les subordonner à des intérêts particuliers.

(1) Lettre du 22 novembre 1876 adressée à M. Tardieu, député, maire d'Arles, par un homme politique attaché au ministère de l'Intérieur, lue à la Chambre des députés. (*Journal officiel de la République*. Paris, 1877, p. 809.)

Il y a là une cause d'arrêt et par suite de décadence de l'esprit public qui, pour n'apparaître que graduellement et n'être évidente que plus tard, n'est pas moins réelle dans l'enseignement supérieur que dans l'armée.

L'incohérence et l'hétérogénéité administratives introduites par MM. de Broglie et Buffet comme moyens de déconsidération du gouvernement actuel, sont donc loin d'avoir épuisé leur action perversive, surtout en province.

Leur malfaisance y dure encore, y ayant promptement et plus profondément réussi, comme toutes les fois qu'on s'adresse soit à la peur près des gens mal renseignés à dessein, soit aux instincts les plus faciles à détourner, en attirant par exemple par la cupidité vers ce qu'on dit être la conservation. Comment en serait-il autrement, lorsqu'à côté de municipalités libérales on entretient des préfectures et une magistrature monarchiques et plus ou moins congréganistes?

Rien de plus frappant que de voir, en province surtout, l'audace avec laquelle on considère comme chose de mode et de bon goût tout dénigrement de ce qui est d'origine républicaine. Ceux mêmes qui par leurs fonctions sont chargés de faire respecter l'administration à laquelle ils appartiennent, se font un titre de la dissimulation ou du mépris avec lesquels ils traitent le gouvernement qui les paye, sinon les gouvernants, devant lesquels pourtant ils s'inclinent en quémandeurs obséquieux.

Cette influence judiciaire et administrative pesant injustement, et avec la plus grande injustice, sur tout ce qui est républicain est, par d'autres causes encore, bien plus vivement ressentie et plus oppressive en province qu'à Paris. La dissémination de tout ce qui dans un milieu social est nécessaire à son activité, rend inévitablement cette activité plus lente et d'une moindre résistance loin des centres. Par suite, l'instruction et l'éducation y restent bien plus complétement, durant toute la vie, ce qu'elles sont en nous au sortir des écoles. Par suite, le moindre nombre des documents voulus pour le progrès coexiste avec le minimum des renseignements indispensables pour appuyer la résistance aux agissements réactionnaires venant de ceux mêmes qui sont les dépositaires de la justice en droit et en actes.

De là des occasions trop nombreuses de découragements, menant si souvent à l'inertie et au fatalisme politiques.

Tout cet ensemble d'actes et de conditions constitue un danger très-réel, évident, qu'il serait ridicule de se dissimuler. C'est sur l'aggravation de ce danger que comptent ceux qui agissent en conséquence pour l'accroître et pour faire croire que plus tout ira mal, plus près nous serons d'un retour à quelque monarchie et qui souvent ne cachent pas le but qu'ils se proposent d'atteindre. Bien que, sous plus d'un rapport, ce danger soit moindre que ceux qu'a traversés la République depuis six années, ce serait une faute que d'oublier à quel point les questions politiques sont des choses d'instruction, modifiables par elle conséquemment; car ce sont choses d'expérience inductive, de raison et de jugement devant toujours conduire à une détermination. Les considérer légèrement comme questions de simple spéculation, ou les abandonner au hasard a mené inévitablement de la guerre du Mexique à l'inertie lors des guerres du Danemark et de Sadowa, puis finalement aux inepties plébiscitaires; exemples qu'il ne faut pas oublier.

Mal gouverner est en effet donner des institutions qui ne sont pas en rapport avec la nature des mouvements progressifs de la société, c'est-à-dire à ce qui est soit rétrograde, soit perversif ou même l'un et l'autre simultanément. Ainsi est-il des hommes qui méconnaissent assez les conditions d'existence des États pour trouver grandioses les entreprises guerrières, toujours plus ou moins aventurées, faites sans nécessité aux dépens de l'existence d'une nation, comme les guerres d'Espagne de 1808 et de Russie de 1812. Ainsi est-il de ces gouvernants qui pour se faire quelque plaisir de famille à famille, pour leurs propres intérêts ou pour consolider leur dynastie, se lancent dans des aventures plus inconsidérées encore; le tout pour en arriver à l'exil et à laisser la France le premier, telle qu'elle était à la fin du règne de Louis XV, et son neveu avec l'étendue qu'elle avait sous François Ier.

Il importe donc, on ne peut plus pour une nation, qu'elle voie bien qu'en même temps qu'elle s'instruit et s'enrichit par les productions dérivant de son savoir, il y a nécessité pour elle d'éviter à tout prix les gouvernants de provenance étrangère et tous ceux dont les intérêts ne sont pas absolument les mêmes que ceux de la nation. Autrement, quelques mois suffisent, pour qu'à leur profit, ou non, mais avec destruction et désastres, disparaissent les résultats obtenus par les forces élaboratrices de tous. Il faut qu'elle voie bien la nécessité d'aller directement et avec énergie vers le gouvernement qui seul peut faire éviter ces désastres, quelle voie comment en même temps l'ignorance de l'histoire ou la spéculation sont, encore une fois, la cause unique des efforts tendant à un retour vers le pouvoir personnel. Et cette spéculation des habiles, utilise comme moyen, ce fait que la province, lisant peu, n'est pas renseignée sur ce qu'ils font, ou les croit sur parole; ce dont ils profitent pour agir sans consulter le pays, sans tenir compte de ce qu'il veut, ni de ce dont il a besoin; le tout à ses dépens, amené qu'il est à tout subir sous l'influence de la peur, qu'on lui cause en agitant à ses yeux le fantôme du péril social que de loin on lui crie être une réalité.

Mais tant que chez nous les choses dureront où elles en sont présentement, les républicains ne devront compter que sur eux; ils doivent encore s'attendre à être laissés de côté administrativement ou considérés comme compromettants; ils doivent voir sans découragement qu'à la moindre imprudence ils seront frappés judiciairement. Il faut qu'ils sachent que, sous ces deux rapports, l'ennemi est dans la place et qu'il n'y a par suite pas autre chose à faire qu'à chercher à durer sans se laisser décourager et à supporter les coups en restant sur la brèche avec la même fermeté encore qu'en 1873 et depuis.

A ce remède passif, il faut en ajouter un actif résultant d'un accord dans l'usage des droits acquis. Les électeurs étant plus nombreux que les fonctionnaires, ils ne doivent porter leurs suffrages que sur ceux qui auront affirmé par écrit, ou au moins publiquement en paroles, vouloir le maintien de la République; ce qui exige la durée de celle-ci, c'est-à-dire de la prudence et du temps. Des institutions sûrement républicaines ne peuvent venir que de là. A cet égard, les véritables conservateurs, c'est-à-dire ceux qui veulent conserver la République, et par là éviter de nouvelles révolutions à chaque entrée et sortie des rois, ne peuvent et ne doivent compter que sur eux-mêmes. Toutes les fois qu'un parti monarchique quelconque voudra se joindre à eux, ils devront rester certains que ce n'est que par spéculation, c'est-à-dire pour tirer de cette association quelque gain contre le gouvernement actuel. Heureusement pour celui-ci, les forces productrices de la France sont en très-grande partie du côté des républicains, et en notable portion aussi la puissance intellectuelle productive. Or, le grand nombre sent que la durée est du côté de ceux qui travaillent d'un travail productif, et non du côté de ceux qui, par habileté de politiciens, spéculent sur les producteurs et à leurs dépens. Du côté des derniers, en effet, sont les conditions d'existence et de progrès.

Quant à accomplir ces progrès d'ordre politique, déjà pourtant réellement préparés et possibles présentement, il n'y faut pas songer avant l'exécution patiente des remplacements administratifs et judiciaires; remplacements dont la nécessité et l'urgence, s'imposent en face des fins de non-recevoir dissimulées ou des résistances ouvertes employées pour arriver à la non-exécution de ce qui peut consolider le gouvernement de la République.

Devant ce faire, il fallait, du reste, s'attendre à des

colères, à des récriminations, aussi bien qu'aux dires prétendant que les choses marcheraient mal, que la prospérité du pays ne serait plus ce qu'elle était sous l'empire; comme si vraiment, de 1852 à 1870 et depuis, la prospérité n'avait pas progressé plus encore en Angleterre et en Autriche, en Italie même, qu'en France, malgré l'absence des formes gouvernementales du bonapartisme; comme si, à part le temps d'arrêt qui a suivi le 24 mai, cette progression avait cessé depuis la fin de 1871.

CHAPITRE XVIII

CONCLUSIONS GÉNÉRALES CONCERNANT L'ÉDUCATION PUBLIQUE ET LA MORALE.

L'activité propre d'une nation dépend des individus qui la composent et des facilités dans les relations entre les divers groupes sociaux dont cette activité amène la formation.

Cette activité n'a pas sa source dans le pouvoir central, contrairement à ce que tendent toujours à faire croire aux hommes mal renseignés, les despotes qui les exploitent, au titre d'hommes providentiels et se disant des pouvoirs forts.

Rien ne serait plus facile que de continuer à faire avec Michelet l'*Histoire de la France pendant la durée des rois*, plutôt que de toujours écrire l'histoire des rois de France.

Un pouvoir fort est celui qui dure et non celui qui, quelque arbitraire dont il use, tombe par l'affaiblissement dû à cet arbitraire même. Le pouvoir dure lorsque son influence est en rapport tant avec l'activité propre et intérieure d'un État, qu'avec celle des nations qui l'entourent. Il dure lorsqu'il joue le rôle d'un régulateur qui réduit les excès, prévient les défaillances et forme obstacle aux déviations aberrantes, en évitant de faire de la loi un expédient et en appliquant celle-ci sans détours ni exceptions.

Le pouvoir régulateur n'a besoin d'une force matérielle très-intense que lorsqu'il est appelé à remplir ce dernier rôle; mais alors cette intensité est indispensable.

En ce qui touche à son exercice immédiat, cette puissance peut et doit être donnée bien plus grande au pouvoir non héréditaire, que sous le régime des gouvernants par hérédité, ou par coups d'État, tenant toujours plus ou moins du guet-apens. Dès que ces manières de faire ne sont plus à craindre, la puissance voulue pour le maintien de l'ordre peut acquérir une intensité plus grande que les rois ne l'ont eue; la raison de cela est que le pouvoir joue avec une plus grande facilité et laisse moins de prise aux abus que tous les anciens régimes absolus, tous plus dominateurs et personnels, que régulateurs et altruistes.

Régir revient, en fait, à donner à chacun plus de moyens de vivre pour autrui que par le passé. Cela ne se peut que par une éducation menant les chefs à posséder une notion exacte de leur véritable position et du rôle qu'ils ont à remplir.

Ce rôle consiste à voir quelles sont les choses nécessaires à tous et non celles qui ne s'adressent qu'à leur propre intérêt. Il exige une supériorité de vues, qui alors même qu'elle est naturelle, ne peut être efficace que si elle est soutenue, autant par une forte éducation que par le désir de la voir donnée aux autres, et de telle sorte que ceux qui ne l'auront pas reçue, soient amenés à regretter de n'avoir pu l'acquérir individuellement.

C'est par là que l'éducation permet au plus grand nombre de saisir la nécessité des actes du pouvoir, de se prêter à leur accomplissement, tant qu'ils sont réguliers, et qu'elle devient par suite un moyen de gouvernement.

Il est donc de toute importance que ce qui se rapporte à la constitution des états sociaux successifs et aux besoins de la nation en particulier, l'emporte, dans l'instruction supérieure et dans l'éducation, de plus en plus sur les fictions, quelque agréables que puissent être celles-ci. Peu de nations plus que la nôtre ont besoin qu'il soit fait ainsi.

De nos jours, l'humanité conserve tous les jeunes qui lui naissent au lieu de sacrifier ou d'abandonner les débiles, comme le faisaient les sociétés à leur origine, en raison de l'état rudimentaire encore de l'instruction et de l'éducation de ces premiers temps; à plus forte raison en la donnant ne fera-t-on pas abstraction de la situation malheureuse des individus; au point de vue matériel bien entendu, les anomalies intellectuelles exigeant d'autres secours.

L'humanité doit tendre à avoir le moindre nombre possible de ses membres dans une situation pénible.

C'est donc un devoir pour elle que de fournir à chacun les moyens d'acquérir l'instruction la plus complète possible. Il s'agit ici des notions générales ou théoriques, dont l'enseignement doit précéder les études pratiques voulues pour le choix d'une profession ou d'un métier; profession et métier que l'État n'a plus à donner gratuitement, pas plus qu'il ne peut en fixer le choix individuel. L'apprentissage, instruction spéciale, ne se fait bien qu'en se mettant sous la direction de quelqu'un qui pratique déjà et qui sait montrer la multiplicité des relations qu'exige toute action professionnelle en chaque cas particulier.

Pour rendre les hommes aptes à servir la société, il faut qu'ils en connaissent les conditions d'existence extérieures (Cosmologie) et intérieure (Biologie; puis ils doivent connaître les lois de son développement (Sociologie), d'où découlent celles de la morale proprement dite. Il faut donner à chacun les notions générales exactes sur tous ces modes de l'existence, si l'on veut que chacun sache se diriger religieusement par rapport aux autres et à soi. La société le doit faire, car en ne remplissant pas ce devoir envers le plus grand nombre, ce nombre par sa force aveugle, directe ou exploitée, viendrait à chaque instant troubler l'état présent, comme nous en avons vu tant d'exemples.

Plus la civilisation se développe, plus se dessinent les inégalités individuelles, mais plus aussi elles se moralisent. L'instruction rendue générale donnera aux vraies supériorités le moyen de surgir devant la suprématie de la richesse, qui tend à l'inégalité en voulant faire remplir les fonctions élevées par des incapables.

S'il y a égalité de droit de tous les hommes devant les principes de justice, tous d'institution humaine, les inégalités individuelles et comme celles que font surgir les événements cosmologiques sont manifestes. S'il y avait égalité individuelle, on verrait cette égalité se développer par l'éducation; mais comme il y a inégalité naturelle des facultés de tous les ordres, les efforts pour l'accroissement des moindres ne va jamais jusqu'à leur faire atteindre le niveau des supérieures; ces dernières se développant elles-mêmes le plus aisément partout où elles sont éduquées, l'inégalité se développe par là de plus en plus. Elle le fait au profit de l'humanité, sans détriment pour personne, dès que par les enseignements s'accroît, en même temps, la moralité. Il en est ainsi autant pour ce qui concerne les beaux-arts qu'en ce qui regarde les sciences; car, comme il n'y a pas de goût sans dégoût, on encourage autant les beaux-arts en laissant de côté les médiocrités qu'en encourageant les supériorités, et ainsi dans les sciences.

Pour atteindre son but, l'éducation doit être la même pour les enfants des deux sexes (1). Tous deux, en effet, concourent à la constitution générale de la société. Il faut donc que chacun ait la conscience de son concours qui, alors même qu'il demeure restreint à la famille, n'en est pas moins réel.

Destinées à diriger l'éducation de la première et et même de la deuxième enfance, les femmes doivent savoir tout ce qu'il est nécessaire d'apprendre à cet âge. Elles le doivent savoir, afin de l'enseigner, d'une part, et, de l'autre, pour au moins conserver sur leurs enfants l'influence qui dérive de toute supériorité d'instruction; influence souvent fort nécessaire ici, pour tout ce qui concerne l'instruction littéraire proprement dite et l'enseignement des

(1) Voyez pour l'application de cette règle depuis longtemps formulée par Aug. Comte et autres, souvent considérée spéculativement comme impraticable : de Fonterpuis, *De l'Éducation populaire aux États-Unis*. (*Philosophie positive*. Paris, juillet 1875.)

langues. L'aptitude qu'ont les femmes à apprendre et à enseigner fait que ce côté de l'éducation leur revient de droit en quelque sorte.

L'éducation générale des femmes et tout ce qui, dans l'instruction, n'est pas destiné à conduire jusqu'aux études professionnelles doit être de même ordre que pour les hommes. Il doit en être ainsi, en premier lieu, parce qu'il n'est pas d'harmonie entre individus comme dans la famille, sans le fond commun des notions générales que donne l'enseignement. Sans cela non plus il n'est pas de lutte possible contre l'ennui dans les périodes inévitables d'isolement. Rien de plus pénible, et de plus pernicieux à la fois, que de trouver dans presque toute réunion que les femmes ont été élevées dans un ordre d'idées qui diffère absolument de celles que l'instruction publique et privée donne aux hommes. Qu'il s'agisse des religions et de leur origine, de philosophie, de l'histoire de tel ou tel siècle, de la direction que celle-ci donne à la politique, des résultats généraux des sciences, l'opposition est absolue de par les sources et les bases des enseignements reçus. Il n'est presque jamais possible d'établir dans une réunion une conversation sur ces divers sujets comparable à celles des salons du XVIIe et du XVIIIe siècle, sans passer pour un esprit perversif et redoutable. De là cette séparation immédiate des hommes et des femmes en deux groupes, dans nos salons, dès qu'est épuisé le sujet que fournissent les théâtres et les bals.

De là aussi, en passant à un autre point de vue, l'opposition incessante entre les parents et les enfants dès que la profession que désirent prendre ceux-ci n'est pas de celles qui conduisent à la richesse et aux satisfactions des intérêts matériels qu'elle peut donner.

De là l'indifférence si commune et parfois l'opposition de tant de femmes pour ce que fait leur mari, mettant obstacle à la continuité des efforts voulus pour la production et la découverte.

De là vient encore que pour la plupart des femmes, les questions politiques semblent choses saugrenues surtout lorsqu'il s'agit de soutenir la République, gouvernement où manque une personnalité autoritaire, dominatrice et distributrice de ce qui flatte l'orgueil et la vanité. Elles se font sur ces questions et en matière religieuse un corps de doctrine des choses que, par condèscendance de pure politesse, on ménage devant elles. Ceci joint à leurs préconceptions théologiques, constitue pour elles une philosophie qui, quelque sentimentale qu'elle soit par son origine et, dans ses applications bornée, à ce qu'indiquent les instincts de conservation au détriment de la vie publique, n'en forme pas moins un dogme, appui durable de tous leurs actes, dires et jugements. Par la ténacité qu'elles y puisent, elles prennent le dessus sur l'homme et le conduisent à leur volonté; car l'instruction telle qu'elle est donnée à celui-ci, le laisse sans guide doctrinal déterminant, susceptible de susciter en lui la décision et la persévérance nécessaires pour l'accomplissement de tous les actes sociaux, aussi bien que pour en prévenir les écarts.

A l'indifférence des femmes en matière sociale, à leur opposition à la forme républicaine du gouvernement, s'ajoute la fréquence des cas dans lesquels mettant l'autorité cléricale au-dessus de celle de l'époux, elles conduisent sans hésiter celui-ci à des actes en contradiction avec ceux de sa vie antécédente et avec ses convictions; l'absolutisme et l'étroitesse de leurs conceptions en ces questions leur faisant trop souvent regarder comme peu de chose la considération publique dans l'ordre politique.

Pour les femmes, comme pour les hommes, l'instruction doit être menée jusqu'à la biologie, et plus encore pour les premières que pour les autres, en raison de la nécessité des soins à donner aux enfants bien portants et malades. Pour ces derniers, si non pour eux-mêmes, les parents doivent être éclairés sur la nature des aliments, aussi bien que sur la préparation des médicaments simples, afin de les préserver par ce savoir des dangers du recours aux incantations théologiques, aux amulettes, aux eaux miraculeuses et autres modes des interventions de puissances extrinsèques fictives, plus généralement encore recherches que n'osent l'avouer ceux qui en usent.

A ce qui a été indiqué déjà sur la marche et la durée de l'éducation générale, ajoutons encore les données suivantes concernant particulièrement la morale.

Nous avons vu que la dernière année de toute éducation devrait être consacrée à l'étude systématique de la morale, résumant les résultats acquis théoriquement par les découvertes de l'ensemble des autres sciences.

La morale est, en effet, la somme des notions et des règles destinées à diriger la vie humaine, tant par rapport aux autres hommes que relativement à soi-même.

La morale est le couronnement de la sociologie; elle peut être envisagée théoriquement, soit comme une de ses divisions scientifiques, soit comme un art social auquel mène la sociologie. Dans l'instruction morale, en effet, l'art et la science se touchent surtout dans ce que l'un et l'autre ont de plus élevé.

Il importe d'insister sur ce point et de montrer

comment c'est la science qui crée la morale, qui conduit à elle. La science est nécessaire pour comprendre la morale, qui de plus se perfectionne parallèlement à chacun des progrès que fait la première; car l'homme est bien plus né pour l'action ou la contemplation, pour les exercices physiques ou pour la poésie que pour l'analyse et l'abstraction scientifiques, qui pourtant lui sont indispensables. D'autre part, la science exige une intensité et une continuité de tension intellectuelles des plus considérables qu'il soit possible d'atteindre. Or, pendant ces efforts, malheureusement le cœur chôme, sans parler de l'épuisement organique. Il faut que la morale intervienne ici pour ramener l'intellect à l'altruisme; elle devient encore sous ce rapport le but final de l'éducation qui ne peut aller plus loin ni plus haut.

La morale constitue donc une science dans laquelle on ne fait que pousser un peu plus loin les faits dans l'ordre de leur complication. Il est évident en effet qu'on ne sait ce que c'est que l'homme individuellement pris, en dehors de la considération des temps et des lieux.

Mais, comme dans les sentiments, il y a dans les phénomènes moraux quelque chose de plus encore que dans les phénomènes sociaux. Ce quelque chose n'est plus à proprement parler d'ordre intellectuel, quant au point de départ; il est d'ordre organique et individuel. Malgré que ses manifestations pèsent sur l'intelligence, sa source est dans l'influence végétative des viscères sur les régions postérieures du cerveau, par l'intermédiaire des parties sensitives du nerf grand sympathique.

C'est par là surtout que s'établit l'influence du physique sur le moral. Réciproquement l'influence du moral sur le physique dérive, ainsi que le fait est scientifiquement démontré, de ce que nulle action cérébrale intellectuelle, et surtout relative aux émotions et aux sentiments, ne peut s'accomplir sans qu'il y ait, par action motrice involontaire, contraction du cœur et des vaisseaux amenant un trouble nutritif, avec abaissement de la température dans tels ou tels viscères; et cela par l'intermédiaire encore du grand sympathique, mais alors par l'intermédiaire de ses portions motrices.

Quoique les phénomènes sociaux soient des actes communs ou d'ensemble, ils s'accomplissent toujours sous l'influence de quelqu'un, ou mieux de quelques-uns; d'où résulte que moralement il faut que l'ordre individuel soit systématisé, afin de relier l'ordre social à celui-ci, et par là à l'ordre moral. Il faut, en d'autres termes, pouvoir régler les actes moraux et sociologiques par l'application des règles physiques, et plus exactement organiques, ou physiologiques, relatives à la physiologie cérébrale surtout. C'est là particulièrement ce qui fait voir que la morale est une science et un art sociologiques tout à la fois, car on n'y peut séparer ces deux choses l'une de l'autre. Ce qui doit être indiqué et apprécié scientifiquement, ce sont les lois biologiques d'après lesquelles peut être modifié l'individu, aux points de vue de la vie végétative et de la vie animale, cérébrale particulièrement.

Ce qui rentre pleinement dans le domaine de l'art social, de la morale, en un mot, c'est que ces connaissances scientifiques permettent de donner comme règle, qu'on doit prendre les types moraux, devant guider la conduite individuelle hors de soi, et non en soi; on choisit le bien et le beau du dehors pour se régir et se corriger soi-même. Appréciant les autres, nous ne saurions concevoir sérieusement que nous ne devons pas être appréciés aussi par eux; d'où l'influence inévitable de cette conception sur notre propre conduite.

Nous voyons qu'en fait l'éducation de l'individu est fondée sur les mêmes principes que celle de l'espèce. Il a même été impossible de tracer un système d'éducation proprement dit, tant qu'on a ignoré la théorie de l'évolution de l'humanité.

Dans l'éducation de l'individu le point de départ est le même que celui qui a été au début de l'évolution de l'espèce. Des besoins, des instincts, des facultés locomotrices et d'expression très-développées, des facultés intellectuelles et morales rudimentaires se trouvent de part et d'autre en ce point. Le but, le point d'arrivée sont les mêmes aussi : c'est celui que signale le commencement de ce chapitre.

Les moyens à employer doivent tendre à amener, en quelques années, chaque individu à posséder le degré de généralité dans les idées et de développement moral que l'humanité a mis des siècles à déterminer.

Malgré que sous ces divers points de vue les phases du développement individuel soient bien plus rapides que celles du développement de l'espèce, il est un certain nombre des phases intellectuelles par lesquelles a passé l'humanité que l'individu doit traverser aussi, bien qu'il faille en abandonner plus tard les croyances; il en est pourtant qu'il faut écarter comme des tentatives de choses concevables, mais dont l'exécution est nuisible parce qu'elle reste sans résultats utiles. Il en est qui ne doivent être qu'effleurées bien que l'humanité ait insisté des siècles sur elles. Pour celles-là, il le faut aussi en raison des différences qui existent entre l'espèce et l'individu sous ce rapport. L'humanité ne s'est développée que sous l'influence de ses propres forces, de ses propres impulsions. Elle les a considérées longtemps comme lui étant toutes favorables dès qu'elles se produisaient, et par ce seul fait qu'elles se produisaient elle les considérait, par suite, comme devant être obstinément entretenues. L'individu, au contraire, a l'avantage de se développer sous l'influence de l'espèce, guidé par les résultats qu'elle a déjà obtenus et par l'expérience acquise.

A cet égard l'espèce s'est trouvée bien plus soumise à l'influence des sentiments égoïstes, en raison des besoins matériels auxquels elle a dû satisfaire et qu'elle a dû apprendre à prévoir, pour se prémunir en conséquence. L'individu échappe aux côtés les plus durs de cette influence, parce que la société lui fournit en réalité tous les aliments matériels et intellectuels indispensables pendant qu'il est jeune.

Pour l'espèce, le passage par le monothéisme a été autant inévitable que le passage primitif par le fétichisme, puis par le polythéisme. Pour l'individu, cette transition pourrait actuellement être évitée, bien qu'elle le soit rarement; mais comme en fait ce passage ne retarde en rien les progrès de l'éducation, lorsqu'il ne pèse pas toute la vie, il constitue une croyance dont il n'est pas nécessaire d'empêcher l'apparition. Mais l'éducation doit être assez sérieuse pour qu'il y ait voir lieu de la durée de cette foi ne pas se prolonger au-delà d'un petit nombre d'années. Sauf le cas de débilité intellectuelle, il faut ensuite intervenir pour la faire disparaître et la remplacer par les vérités démontrées, coordonnées dans le positivisme sous l'influence des études scientifiques et historiques.

Il pourrait être fait de même graduellement par influence morale et sans trop de violence par les nations occidentales envers les musulmans, chez lesquels l'étroitesse de ces croyances arrête toute évolution et nuit à celle des peuples qui les avoisinent.

Car, en somme, c'est la vie de famille, sa stabilité et sa sécurité qui tendent le plus à developper le progrès moral. Et, sans ce progrès-là, les progrès matériels et intellectuels peuvent être plus nuisibles qu'utiles au bonheur, soit personnel, soit public. Aussi faut-il que les hommes s'attachent surtout à lui, le plus élevé de tous, et cela par la propagation des connaissances qui mettent la certitude à la place du doute perpétuel.

FIN

TABLE DES MATIÈRES

FIN DE LA TABLE DES MATIÈRES.

PARIS. — IMPRIMERIE DE E. MARTINET, RUE MIGNON, 2.

Paris. — Impr. E. Capiomont et V. Renault, rue des Poitevins, 6.

www.ingramcontent.com/pod-product-compliance
Ingram Content Group UK Ltd.
Pitfield, Milton Keynes, MK11 3LW, UK
UKHW020605230726
13926UKWH00005B/2207